Abitur 2011
Musterprüfungen G8
Deutsch
Gymnasium

Autoren:
Michael Erber, Christoph Kunz, Kerstin Köhler, Matthias Wasel, Stefanie Schäfers
(Lösungsvorschläge Musterprüfungen)

BAYERN

ABITUR

2011

Musterprüfungen G8

DEUTSCH

Prüfungsaufgaben mit Lösungen

G8

GYMNASIUM

Mit 11 aktuellen
Musterprüfungen

Cornelsen

Die in diesem Werk angegebenen Internetadressen haben wir überprüft (Redaktionsschluss 01. 07. 2010). Dennoch können wir nicht ausschließen, dass unter einer solchen Adresse inzwischen ein ganz anderer Inhalt angeboten wird.
Nicht in allen Fällen war es uns möglich, den Rechteinhaber ausfindig zu machen. Berechtigte Ansprüche werden selbstverständlich im Rahmen der üblichen Vereinbarungen abgegolten. Wir bitten um Verständnis.

www.cornelsen.de

Bibliografische Information: Die Deutsche Bibliothek verzeichnet diese Publikation in der Deutschen Nationalbibliografie; detaillierte bibliografische Daten sind im Internet über http://dnb.ddb.de abrufbar.

Projektleitung: Uta Kural, Cornelsen Scriptor Berlin
Redaktion: 360°, Berlin
Gesamtgestaltung: Beate Schubert u. Uta Eickworth, Berlin
Gesamtherstellung: Dagmar & Torsten Lemme, Berlin
Satz/Layout: Dagmar & Torsten Lemme, Berlin
Umschlagentwurf: Patricia Müller, Berlin
Druck und Bindearbeiten: CPI – Clausen & Bosse, Leck
Printed in Germany
ISBN 978-3-06-150048-1

Gedruckt auf säurefreiem Papier,
umweltschonend hergestellt aus chlorfrei gebleichten Faserstoffen.

Inhaltsverzeichnis

LÖSUNGSVORSCHLAG POETISCHER TEXT (3)

G8 MUSTERPRÜFUNG POETISCHER TEXT (4)

LÖSUNGSVORSCHLAG POETISCHER TEXT (4)

G8 MUSTERPRÜFUNG POETISCHER TEXT (5)

LÖSUNGSVORSCHLAG POETISCHER TEXT (5)

G8 MUSTERPRÜFUNG INFORMIERENDER TEXT (1)

LÖSUNGSVORSCHLAG INFORMIERENDER TEXT (1)

G8 MUSTERPRÜFUNG INFORMIERENDER TEXT (2)

LÖSUNGSVORSCHLAG INFORMIERENDER TEXT (2)

G8 MUSTERPRÜFUNG VERGLEICHENDE SACHTEXTANALYSE

LÖSUNGSVORSCHLAG VERGLEICHENDE SACHTEXTANALYSE

G8 MUSTERPRÜFUNG ERÖRTERUNG

LÖSUNGSVORSCHLAG ERÖRTERUNG

G8 MUSTERPRÜFUNG KOMMENTAR

LÖSUNGSVORSCHLAG KOMMENTAR

G8 MUSTERPRÜFUNG REDE

LÖSUNGSVORSCHLAG REDE

Seiten (MP/L)	Texte	Aufgabentyp	Thema
	Epische Texte		
54/58	Keller: *Die mißbrauchten ...*	Poetischen Text erschließen	Kunst und Literatur
66/70	Kehlmann: *Die Vermessung ...*	Poetischen Text erschließen	Erkenntnisdrang
88/92	Schnurre: *Das Begräbnis*	Informierenden Text verfassen	Trümmerliteratur
	Drama		
30/34	Hebbel: *Judith*	Poetischen Text erschließen	Frauenbilder in der Literatur; Geschlechterverhältnis
42/46	Sternheim: *Die Hose*	Poetischen Text erschließen	Ehrbegriff; Gesellschaft; Geschlechterverhältnis
	Lyrik		
20/23	Goethe: *Wiederfinden*	Poetischen Text erschließen	Welt- und Menschenbild Klassik; Naturwissenschaften und Literatur
120/124	Silesius: *Die kluge und ...*	Kommentar	Schönheit
120/124	Schiller: *Die schönste ...*	Kommentar	Schönheit
	Nicht fiktionale Texte/Sachtexte		
20/23	Goethe: *Die Farbenlehre*	Poetischen Text erschließen	Welt- und Menschenbild Klassik; Naturwissenschaften und Literatur
78/82	Herder: *Briefe zur ...*	Informierenden Text verfassen	Welt- und Menschenbild Klassik
78/82	Schiller: *Über das Erhabene*	Informierenden Text verfassen	Welt- und Menschenbild Klassik
88/92	Borchert: *Das ist unser ...*	Informierenden Text verfassen	Trümmerliteratur
88/92	Böll: *Bekenntnis zur ...*	Informierenden Text verfassen	Trümmerliteratur
96/100	Kellermann: *Schiller*	Vergleichende Sachtextanalyse	Idealismus; Schiller
96/100	Safranski: *Schilller oder ...*	Vergleichende Sachtextanalyse	Idealismus; Schiller
108/112	Jessen: *Die verkaufte ...*	Erörterung	Sprachbetrachtung
108/112	Bußmann: *Sprachpflege*	Erörterung	Sprachbetrachtung
108/112	*We kehr for you*	Erörterung	Sprachbetrachtung
120/124	Eco: *Die Geschichte der ...*	Kommentar	Schönheit
120/124	Schüle: *Lauter ...*	Kommentar	Schönheit
132/136	Köhler: *Grußwort ...*	Rede verfassen	Theater; Schiller

Für Schnelle:
Sie müssen mindestens 1 Musterprüfung mit Lösungsvorschlägen pro Textsorte gelesen haben.

ahr	Muster-prüfung	Lösung	bearbeitet/ gelesen am			Kommentar
. 2011						
. 2011						
. 2011						
. 2011						
. 2011						
. 2011						
. 2011						
. 2011						
. 2011						
. 2011						
. 2011						
. 2011						
. 2011						
. 2011						
. 2011						
. 2011						
. 2011						
. 2011						
. 2011						
. 2011						
. 2011						

Für Gründliche:
Sie sollten mindestens 1 Musterprüfung pro Textsorte gelesen und gelöst haben.

Liebe Abiturientin, lieber Abiturient!

Im Frühjahr ist es so weit: Sie werden Ihre Abiturprüfung ablegen! Dieses Buch hilft Ihnen, sich effektiv auf den schriftlichen Prüfungsteil vorzubereiten.
Wir haben es so aufgebaut und geschrieben, dass Sie selbstständig damit arbeiten können. Das Buch enthält die aktuellen Musterprüfungen G8. Sie können also die typischen Aufgabenarten kennenlernen und üben. Auf diese Weise bereiten Sie sich ganz gezielt auf Ihre Abiturprüfung vor!

Wie sind die Musterprüfungen G8 aufgebaut?

Hinweise zu den Prüfungsbestimmungen: Hier findet man in Kürze alle wichtigen Informationen rund um die Prüfung: den Ablauf, die Prüfungsteile usw.
Musterprüfungen und Lösungsvorschläge: Diese sind nach Aufgabentypen sortiert. Man findet abwechselnd immer zuerst die Musterprüfungen des Kultusministeriums und dann die Lösungsvorschläge, die wir für Sie erarbeitet haben.

Was ist das Besondere an diesem Buch?

Die **Musterprüfungen G8** lassen sich dosieren: für Schnelle und für Gründliche.
Für Schnelle: Wenn Sie schnell einen Überblick brauchen, lesen Sie erst die Prüfungen, notieren einige Lösungsansätze und vergleichen sie dann mit den Lösungsvorschlägen. Natürlich ist hier der Übungseffekt geringer.
Für Gründliche: Wenn Sie sich intensiver vorbereiten wollen, lesen Sie die Prüfungen und versuchen Sie, diese vollständig zu lösen. Bei Schwierigkeiten helfen die Lösungshinweise und Tipps. Erst zum Schluss vergleichen Sie Ihre Lösung mit der im Buch. Denken Sie daran, den Schnell-Check am Ende ehrlich auszufüllen. Dann sehen Sie, wo noch Übungsbedarf besteht.

	MP lesen	**Lösung lesen**	**MP selbst lösen**	**Tipps nutzen und Lösungen vergleichen**
Zeitfaktor	👍	👍👍	👍👍👍	👍👍👍👍
Lernfaktor	👍	👍👍	👍👍👍	👍👍👍👍
Prüfungs-erfolg	👍👍	👍👍👍👍	👍👍👍👍👍👍	👍👍👍👍👍👍👍👍

Klar ist: Je gründlicher Sie sich vorbereiten, umso besser werden Sie beim Abitur abschneiden!

Was ist das Besondere an den Lösungsvorschlägen?

Für dieses Buch haben erfahrene Lehrerinnen und Lehrer extra leicht verständliche und gut gegliederte Lösungen zu den Musterprüfungen geschrieben. In den Lösungsvorschlägen finden Sie auch viele **Tipps** und **Hinweise**, die die beste Herangehensweise erklären und Ihnen in der Abiturprüfung helfen werden.

Wie finde ich mich in den Musterprüfungen G8 zurecht?

Eine gute Orientierung ist das **Inhaltsverzeichnis**, in dem man schnell den gewünschten Aufgabentyp der Prüfungen findet.
In der **Übersicht** auf der vorigen Doppelseite können Sie gezielt nach bestimmten Themen und Aufgabentypen suchen.
Die **Kopfzeile** ganz oben im Buch lässt sofort erkennen, um welchen Aufgabentyp es sich handelt. Außerdem sehen Sie, ob Sie sich in den Prüfungen oder in den Lösungsvorschlägen befinden.
Weiterhin findet man vor jeder Aufgabe eine Mini-Tabelle. Dieser können Sie auf einen Blick wichtige Informationen zu der folgenden Prüfungsaufgabe entnehmen (z. B. zum Thema oder dem Aufgabentyp).

Woher weiß ich, ob ich schon gut vorbereitet bin?

Die **Schnell-Checks** helfen Ihnen, Ihre Fähigkeiten selbst einzuschätzen. Sie finden sie immer am Ende der Lösungsvorschläge. Seien Sie hier ehrlich zu sich und markieren Sie, wie Sie abgeschnitten haben.
Bei sollten Sie natürlich weiterüben. Tipps, die beim Weiterüben helfen, haben wir gleich dazugeschrieben.

Mit welchen Büchern kann ich noch üben?

Da das Abitur Ihre bisher wichtigste Prüfung ist, wollen Sie sich vielleicht noch intensiver vorbereiten. Mit **Abitur-Training** und **Abitur-Wissen** erhalten Sie noch mehr Material zum Üben und Wiederholen – so können Sie Ihrem Wunschprüfungsergebnis näher kommen.

Viel Erfolg!

Hinweise zu den Prüfungsbestimmungen

Wie läuft die Prüfung ab?

Mit Einführung des achtjährigen Gymnasiums in Bayern gibt es eine wichtige Änderung für das Fach Deutsch: Die schriftliche Abiturprüfung im Fach Deutsch ist verpflichtend für **alle** Schülerinnen und Schüler. Die Möglichkeit, zwischen einer schriftlichen und einer mündlichen Abiturprüfung bei Deutsch als drittem Prüfungsfach zu wählen, entfällt damit.
Die Aufgaben werden zentral gestellt durch das Bayerische Staatsministerium für Unterricht und Kultus. Die Abiturprüfung findet am vom Staatsministerium festgesetzten Tag überall in Bayern zeitgleich statt. Während der Prüfung führen stets mehrere Lehrkräfte Aufsicht.
Ihnen werden fünf Aufgaben vorgelegt, von denen Sie lediglich **eine** zur Bearbeitung auswählen.
Im Krankheitsfall ist der Schule unverzüglich ein amtsärztliches Attest vorzulegen.

Welche Themen werden geprüft?

Es gibt keine Schwerpunktthemen oder stoffliche Einschränkungen, sodass der **gesamte** Lehrplan der Jahrgangsstufen 11 und 12 Grundlage der Prüfung ist.
Den Lehrplan finden Sie veröffentlicht auf der Homepage des Staatsinstituts für Schulqualität und Bildungsforschung München (ISB) unter www.isb.bayern.de.
Der Lehrplan schreibt keine Pflichtlektüren vor. Nach seiner Maßgabe kann also die Lektüre aus den jeweils benannten literaturhistorischen Epochen frei gewählt werden. Nichtsdestotrotz folgen viele Kursleiter einem gewissen Kanon, der beispielsweise Johann Wolfgang von Goethes *Faust I* oder Georg Büchners *Woyzeck* für unverzichtbar erachtet. Ebenso verbreitet ist die Lektüre von Theodor Fontanes *Effi Briest* oder Alfred Döblins *Berlin Alexanderplatz*. Grundsätzlich gilt: Je breiter Ihre persönliche Leseerfahrung, desto leichter werden Ihnen die Aufgaben zu poetischen Texten fallen.

Wie lange dauert die Prüfung und welche Hilfsmittel sind erlaubt?

Die Arbeitszeit in der Abiturprüfung im Fach Deutsch ist auf 270 Minuten festgelegt (inklusive Auswahl- und Einlesezeit). Als Hilfsmittel ist lediglich ein Wörterbuch der deutschen Rechtschreibung zugelassen.
Die Bereitstellung von unerlaubten Hilfsmitteln sowie jeder Betrugsversuch führen zu einer Bewertung der Arbeit mit 0 Punkten.
In bayerischen Gymnasien müssen Handys nach einer Verordnung des Staatsministeriums für Unterricht und Kultus grundsätzlich ausgeschaltet bleiben, also auch während des gesamten Abiturs. Daher empfiehlt es sich, eine Uhr zur Prüfung mitzubringen.

Suchen Sie während der Prüfung die Toilette auf, müssen Sie Ihre Arbeit bei der Aufsicht abgeben; die Dauer Ihrer Abwesenheit wird auf der Arbeit vermerkt.

Welche Aufgabenarten gibt es?

Insgesamt stehen folgende Aufgabentypen zur Auswahl:

I	Erschließung eines poetischen Textes - Lyrik
II	Erschließung eines poetischen Textes - Drama
III	Erschließung eines poetischen Textes - Epik
IV	Verfassen einer vergleichenden Analyse von Sachtexten oder materialgestütztes Verfassen eines informierenden Textes
V	Auswertung eines Sachtextes mit anschließendem Erörterungsauftrag oder materialgestütztes Erörtern (auch in freieren Formen)

Drei der fünf zur Auswahl stehenden Aufgaben (Erschließung eines poetischen Textes I–III) richten sich nach den literarischen Gattungen Lyrik - Drama - Epik und orientieren sich am Niveau sowie den bekannten Aufgabenstellungen des Grundkursabiturs, nicht aber des Leistungskurses des neunjährigen Gymnasiums.
Aufgabentypen wie „Erschließung eines poetischen Textes - Lyrik“, „Erschließung eines poetischen Textes - Drama“ und „Erschließung eines poetischen Textes - Prosa“ sind hinreichend erprobt und betonen nach wie vor die große Bedeutung literaturgeschichtlicher Kenntnisse und literaturwissenschaftlicher Methoden im Deutschunterricht der Oberstufe.
Der Arbeitsauftrag beinhaltet die formale und inhaltliche Analyse eines vorgelegten Textes, wobei die Aufgabenstellung oft (aber nicht immer) einen bestimmten Schwerpunkt setzt. Denken Sie bei Ihrer Interpretation daran, mit Textbelegen zu arbeiten, um Ihre Behauptungen zu untermauern. Berücksichtigen Sie bei der formalen Analyse auch stets den Wirkungszusammenhang der herausgearbeiteten sprachlichen Mittel.
Meistens folgt dem Analyse- und Interpretationsauftrag eine weitere Teilaufgabe mit dem Ziel, den erschlossenen Text in einem größeren Kontext zu betrachten, beispielsweise im Hinblick auf einen weiteren literarischen Text Ihrer Wahl. Hieran sehen Sie, wie wichtig Ihre persönliche Leseerfahrung und Ihre literaturgeschichtlichen Kenntnisse sind. Denn je größer der „literarische Fundus“, auf den Sie zurückgreifen können, desto mehr Freiheit haben Sie bei der Bearbeitung einer solchen Aufgabenstellung.

In erneuerter Form erscheinen im bayerischen Abitur Aufgabenformate, die das Verfassen eines informierenden bzw. argumentierenden Textes verlangen (IV–V). Hier wird die ebenfalls am Niveau des Grundkursabiturs orientierte Aufgabenstellung durch die Bereitstellung von Sachinformationen unterstützt. Alternativ erhalten Sie Ihre Argumentation erleichternde Materialien, wie beispielsweise poetologische oder literaturtheoretische Texte.
Die neuen Aufgabentypen verlangen eine vergleichende Analyse von Sachtexten, das materialgestützte Verfassen eines informierenden Textes und die Auswertung eines Sachtextes mit anschließendem Erörterungsauftrag oder materialgestütztes Erörtern (auch in freieren Formen). Sachtexte können dementsprechend Untersuchungsgegenstand Ihrer Analyse sein oder als Ausgangsmaterial für einen neuen informierenden Text bzw. eine Erörterung dienen. Bei einer Sachtextanalyse steht zu Beginn die folgerichtige Zusammenfassung, manchmal unter einem bestimmten Schwerpunkt wie beispielsweise der Argumentationsstruktur. Beim materialgestützten Verfassen eines informativen Textes sind die Charakteristika der jeweils geforderten Textsorte zu berücksichtigen, wie beispielsweise bei einem Lexikoneintrag.

Im Falle einer Erörterung wird wiederum zwischen der „klassischen Erörterung“ und den sogenannten „freieren Formen“ unterschieden.
Bei der „klassischen Erörterung“ wägen Sie Pro- und Kontra-Argumente gegeneinander ab, bevor Sie Ihre eigene Meinung begründet darlegen.
Bei den „freieren Erörterungsformen“ erhalten Sie insofern einen gestaltenden Schreibauftrag, als eine bestimmte Textsorte wie z. B. ein Essay, ein Kommentar oder eine Rede zu verfassen sind. Wichtig hierbei sind die Aspekte des adressatenbezogenen Schreibens. Sie müssen also die Zielgruppe, die vorgegebene Intention und die situative Einbettung des Textes berücksichtigen.
Diese neuen Prüfungsformate sind dementsprechend realitätsnah und anwendungsbezogen. Gleichzeitig ermöglichen Ihnen die gestaltenden Schreibaufträge, Ihr Textverständnis auf kreative Weise zu zeigen.

Wie wählen Sie die für Sie richtige Aufgabe aus?

Aufgrund der begrenzten Arbeitszeit sollten Sie sich spätestens nach den ersten 15 Minuten für ein Thema entschieden haben, das Sie bearbeiten möchten. Empfehlenswert ist, bei der Aufgabenauswahl auf das Verfahren des Brainstormings zurückzugreifen: Nehmen Sie sich pro Aufgabe ein Blatt des Konzeptpapiers und schreiben Sie alles nieder, was Ihnen zu besagtem Thema einfällt. Entscheiden Sie dann, welches Thema Ihnen im Vergleich am geeignetsten erscheint. Auf keinen Fall sollten Sie diese Entscheidung später in Frage stellen oder gar das Thema wechseln!

Wie gehen Sie am besten an die Aufgaben heran und worauf sollten Sie beim Bearbeiten achten?

Grundvoraussetzung ist, alle in der Aufgabenstellung enthaltenen Arbeitsaufträge und Hinweise zu erfassen sowie die Primärtexte mehrfach zu lesen.
Darüber hinaus machen unterschiedlichen Aufgabentypen eine differenzierte Vorgehensweise notwendig. Die Rubrik „Lösungsschritte“ in unseren Lösungsvorschlägen zu den Musterprüfungen gibt Ihnen wertvolle Tipps, wie Sie - zugeschnitten auf den jeweiligen Aufgabentyp - verfahren sollten.

Was sind Operatoren und Anforderungsbereiche?

Die Konferenz der Kultusminister hat sich auf „Einheitliche Prüfungsanforderungen in der Abiturprüfung Deutsch“ (EPA) geeinigt. Diese unterscheiden drei Anforderungsbereiche:

Anforderungsbereich I	in erster Linie Reproduktionsleistungen; hier soll Gelerntes (Inhalte und Methoden) wiedergegeben werden, Zusammenfassungen
Anforderungsbereich II	Organisations- und Transferleistungen; hier soll Gelerntes eigenständig angewendet und übertragen werden
Anforderungsbereich III	Leistungen im Bereich von Problemlösung und Urteilsfindung; hier kommt es auf das selbstständige Urteilen und Bewerten an

Diese drei Bereiche lassen sich nicht immer eindeutig voneinander trennen, sondern weisen mitunter Schnittmengen auf. Anforderungsbereich III schließt außerdem die Anforderungsbereiche I und II ein, Anforderungsbereich II umfasst auch den Anforderungsbereich I.
Die Aufgabenstellungen enthalten Schlüsselbegriffe, die den Anforderungsbereich benennen, der in einer Aufgabe verlangt wird. Diese sogenannten Operatoren lauten:

Anforderungsbereich I	Anforderungsbereich II	Anforderungsbereich III
(be)nennen	analysieren	beurteilen
beschreiben	untersuchen	bewerten
bestimmen	erschließen	diskutieren
darstellen	begründen	erörtern
darlegen	charakterisieren	(kritisch) Stellung nehmen
skizzieren	einordnen	sich auseinandersetzen

Anforderungsbereich I	Anforderungsbereich II	Anforderungsbereich III
formulieren	erklären	prüfen
zeigen	erläutern	überprüfen
aufzeigen	gliedern	gestalten
wiedergeben	herausarbeiten	interpretieren
zusammenfassen	(er)klären	kommentieren
	vergleichen	

Im Unterricht werden diese Operatoren gewöhnlich besprochen und finden in Klausuren regelmäßig Anwendung.

Wie wird die Abiturprüfung bewertet und wie viel zählt sie für die Endnote?

Die Arbeit wird in der Regel in einem zweistufigen Korrekturverfahren bewertet. Nach dem Fachlehrer als Erstkorrektor wird die Arbeit von einem Zweitkorrektor korrigiert. Können sich Erst- und Zweitkorrektor auf keine Note einigen, kommt es zu einer dritten, abschließenden Korrektur durch den jeweiligen Fachbetreuer an einer Schule.

Die Aufzeichnungen und Skizzen auf dem Konzeptpapier werden nicht gewertet, es sei denn, die Reinschrift bleibt unvollendet.

Bei der Benotung wird die Arbeit in ihrem Gesamteindruck bewertet. Bei der Beurteilung der Prüfungsarbeit spielen insbesondere folgende Kriterien eine Rolle: sachliche Richtigkeit, sichere Beherrschung der Fachbegriffe (z. B. der Stilmittel und rhetorischen Figuren), sichere Anwendung von Methoden (z. B. Methoden der Analyse, der Erschließung und der Interpretation von Gedichten oder Zitiertechniken), differenzierende und problemorientierte Darstellung, Eigenständigkeit der Gedanken und Lösungen, Folgerichtigkeit und Begründung der Aussagen, Stichhaltigkeit und Überzeugungskraft der Argumentation, eigener kritischer Standpunkt, klarer und schlüssiger Aufbau, Genauigkeit im Ausdruck, stilistische Gewandtheit.

Auch sprachliche und sprachformale Richtigkeit sind Bestandteil der Note.

Stets sollte auf eine leserliche Schrift und auf eine ordentliche und saubere äußere Form geachtet werden.

Die Note der schriftlichen Abiturprüfung im Fach Deutsch wird mit dem Faktor vier multipliziert (maximal 60 Punkte) und geht in den Bereich „ Abiturprüfung“ (5 Prüfungen, insgesamt 300 Punkte) ein.

Gibt es auch eine mündliche Abiturprüfung?

Im Fach Deutsch kann im achtjährigen Gymnasium kein Colloquium mehr abgelegt werden. Es besteht jedoch die Möglichkeit einer Zusatzprüfung z. B. zum Zwecke der Notenverbesserung. Hierbei hat man die Zusatzprüfung spätestens am Tag nach Bekanntgabe des Ergebnisses der schriftlichen Prüfung beim Prüfungsausschuss schriftlich zu beantragen. Da sich der Abiturdurchschnitt allerdings nur in wenigen Fällen durch eine solche zusätzliche Prüfung verbessern lässt, wird von dieser Möglichkeit selten Gebrauch gemacht. Die mündliche Prüfung ist keine Wiederholung der schriftlichen Prüfung, sondern einen zusätzliche Prüfung.
Die mündliche Prüfung ist nicht Gegenstand dieses Buches.

G8 MUSTERPRÜFUNG POETISCHER TEXT (1)

Aufgabentyp	Erschließung eines poetischen Textes
Material	Johann Wolfgang von Goethe: *Wiederfinden* (1819) Johann Wolfgang von Goethe: *Die Farbenlehre* (1810) **Denkbares Vergleichswerk:** Georg Büchner: *Woyzeck* (1879)
Textsorte	Gedicht; nicht fiktionaler Text; Drama
Thema	Welt- und Menschenbild der Klassik; Naturwissenschaften und Literatur

Erschließung eines poetischen Textes

Aufgabe a

Erschließen und interpretieren Sie das Gedicht *Wiederfinden* von Johann Wolfgang von Goethe! Erarbeiten Sie insbesondere das zugrunde liegende Welt- und Menschenbild und berücksichtigen Sie dabei auch den beigefügten Auszug aus Goethes *Farbenlehre!*

Aufgabe b

Zeigen Sie, ausgehend von Ihren Ergebnissen, anhand eines literarischen Werks eines anderen Autors vergleichend auf, wie sich naturwissenschaftliche Vorstellungen auf Literatur auswirken!

Johann Wolfgang von Goethe (1749 – 1832) *Wiederfinden*

Ist es möglich, Stern der Sterne,
Drück' ich wieder dich ans Herz!
Ach! was ist die Nacht der Ferne
Für ein Abgrund, für ein Schmerz.
Ja du bist es! meiner Freuden
Süßer, lieber Widerpart;
Eingedenk vergangner Leiden
Schaudr' ich vor der Gegenwart.

Als die Welt im tiefsten Grunde
Lag an Gottes ew'ger Brust,
Ordnet' er die erste Stunde
Mit erhabner Schöpfungslust,
Und er sprach das Wort: Es werde!
Da erklang ein schmerzlich Ach!
Als das All, mit Machtgebärde,
In die Wirklichkeiten brach.

Auf that sich das Licht! sich trennte
Scheu die Finsterniß von ihm,
Und sogleich die Elemente
Scheidend auseinander fliehn.
Rasch, in wilden wüsten Träumen,
Jedes nach der Weite rang,
Starr, in ungemeßnen Räumen,
Ohne Sehnsucht, ohne Klang.

Stumm war alles, still und öde,
Einsam Gott zum erstenmal!
Da erschuf er Morgenröthe,
Die erbarmte sich der Quaal;
Sie entwickelte dem Trüben
Ein erklingend Farbenspiel
Und nun konnte wieder lieben
Was crst auseinander fiel.

Und mit eiligem Bestreben
Sucht sich was sich angehört,
Und zu ungemeßnem Leben
Ist Gefühl und Blick gekehrt.
Sey's Ergreifen, sey es Raffen,
Wenn es nur sich faßt und hält!
Allah[1] braucht nicht mehr zu schaffen,
Wir erschaffen seine Welt.

So, mit morgenrothen Flügeln
Riß es mich an deinen Mund,
Und die Nacht mit tausend Siegeln
Kräftigt sternenhell den Bund.
Beyde sind wir auf der Erde
Musterhaft in Freud und Quaal
Und ein zweytes Wort: Es werde!
Trennt uns nicht zum zweytenmal.

(Entstehung 1815; Erstdruck 1819 im Rahmen der Sammlung West-östlicher Divan; Orthographie entsprechend dem Erstdruck)

Johann Wolfgang von Goethe *Die Farbenlehre*

[...] Wir nennen sie[2] Urphänomene, weil nichts in der Erscheinung über ihnen liegt, sie aber dagegen völlig geeignet sind, daß man stufenweise [...] von ihnen herab bis zu dem gemeinsten Falle der täglichen Erfahrung niedersteigen kann. Ein solches Urphänomen ist dasjenige, das wir bisher dargestellt haben. Wir sehen auf der einen Seite das Licht, das Helle, auf der andern die Finsternis, das Dunkle, wir bringen die Trübe zwischen beide, und aus diesen Gegensätzen, mit Hülfe gedachter Vermittlung, entwickeln sich, gleichfalls in einem Gegensatz, die Farben, deuten aber alsbald, durch einen Wechselbezug, unmittelbar auf ein Gemeinsames wieder zurück.

(Erstdruck 1810; Auszug aus Paragraph 175)

1 Allah: hier allgemein für Schöpfergott
2 sie: als fundamental erkannte Erscheinungsmuster in der Natur

LÖSUNGSVORSCHLAG POETISCHER TEXT (1)

Lösungsvorschlag
Erschließung eines poetischen Textes

Aufgabe a

Erschließen und interpretieren Sie [...] Erarbeiten Sie [...] das zugrunde liegende Welt- und Menschenbild und berücksichtigen Sie [...] Goethes *Farbenlehre!*

> **HINWEIS** Zunächst wird Goethes Gedicht *Wiederfinden* sorgfältig analysiert und interpretiert. Dabei ist eine inhaltliche Erfassung unumgänglich. Anschließend wird das Gedicht in Korrespondenz gesetzt mit Goethes naturwissenschaftlichem Werk *Die Farbenlehre*.

Lösungsschritte

1	Das Gedicht *Wiederfinden* und den Textauszug aus der *Farbenlehre* aufmerksam lesen
2	Die Aufgabenstellung in allen Teilen sorgfältig lesen; dabei die Kernbegriffe unterstreichen bzw. markieren
3	Das Gedicht abermals lesen. Erster Durchgang: Formale und stilistische Auffälligkeiten und Besonderheiten markieren.
4	Das Gedicht erneut lesen. Zweiter Durchgang: Den Inhalt erfassen und den Inhalt in eigenen Worten stichwortartig notieren.
5	Den Textauszug aus der *Farbenlehre* abermals lesen. Dritter Durchgang: Einen interpretatorischen Ansatz entwickeln.
6	Eine Gliederung gemäß dem vorliegenden Arbeitsauftrag erstellen; dabei folgende Aspekte berücksichtigen: Inhalt und Aufbau, sprachlich-stilistische Gestaltung im Wirkungszusammenhang, Welt- und Menschenbild, Bezug zur *Farbenlehre*
7	Die Analyse und Interpretation ausformulieren; anschließend Geschriebenes erneut lesen, überprüfen und überarbeiten

Stichpunktlösung

Einleitung

- Goethes Gedicht kann einen Leser überraschen. Die Lektüre der ersten Strophe lässt vielleicht ein Liebesgedicht vermuten. Bei weiterer Lektüre aber geben die Metaphern „Stern der Sterne“ (V. 1) und „Nacht der Ferne“ (V. 3) einen Hinweis auf den Kosmos, dessen Entstehung in den folgenden Strophen dargestellt wird.

Inhalt und Aufbau des Gedichts

Das Gedicht ist gerahmt durch eine konkrete Situation in den Strophen I und VI; dazwischen findet sich die Schilderung eines zweistufigen kosmischen Geschehens

- **Strophe I:** Getrübtes Glücksgefühl des lyrischen Ichs bei Wiederbegegnung mit der Geliebten
  - V. 1 bis V. 4 beinhalten freudiges Erstaunen des lyrischen Ichs über die wiedergewonnene Nähe der Geliebten und Klage über die Trennungsphase
  - V. 5 bis V. 8 beschreiben eine emphatische Bestätigung der Anwesenheit der Geliebten und die angedeutete Sorge über eine mögliche Wiederholung der vorangegangenen Entbehrung („Schaudr’ ich vor der Gegenwart“, V. 8)
- **Strophe II und III:** Göttlicher Schöpfungsakt als Beginn des Trennungsprozesses
  - V. 9 bis V. 13 zeigen die Beendigung der ursprünglichen kosmischen Einheit durch einen verbalen Akt Gottes zur Erschaffung der Welt
  - V. 14 bis V. 16 erklären das Entstehen der Welt als zugleich imposanten und gewaltsamen Vorgang
  - V. 17 bis V. 24 erklären das Erscheinen von Hell und Dunkel als Beginn einer stetig fortschreitenden Dissoziation („sich trennte/Scheu die Finsterniß von ihm“, V. 17 f.; „Jedes nach der Weite rang“, V. 22)
- **Strophe IV und V:** Ergänzung des Schöpfungsakts als Anstoß zu einem Vereinigungsprozess
  - In V. 25 bis V. 27 ist die Schöpfung der Morgenröte als Reaktion auf die Isolationserfahrung Gottes definiert („Einsam Gott zum erstenmal“, V. 26)
  - V. 28 bis V. 32 erklären die Ausbildung einer zwischen Licht und Finsternis vermittelnden Farbenvielfalt durch die Morgenröte („Sie entwickelte [...]/Ein erklingend Farbenspiel“, V. 29 f.)
  - In V. 33 bis V. 38 ist die Rede von einem ungebändigten Drang zu erneutem Zusammenhalt und wechselseitiger Aneignung des vormals Getrennten („Sucht sich was sich angehört“, V. 34; „Wenn es nur sich faßt und hält!“, V. 38)
  - V. 39 bis V. 40 beschreiben die Übernahme der Schöpfungsaufgabe durch die Menschen („Wir erschaffen seine Welt“, V. 40)
- **Strophe VI:** Verabsolutierung der Liebesbeziehung durch Übereinstimmung mit Schöpfungsvorgang

- V. 41 bis V. 44 stellen eine Bestärkung der Zusammengehörigkeit der Liebenden durch die festgestellte Entsprechung zum kosmischen Geschehen dar („So, mit morgenrothen Flügeln“, V. 41; „Und die Nacht“, V. 43; „den Bund“, V. 44)
- V. 45 bis V. 48 bekräftigen die Unauflöslichkeit der Liebe durch das Wissen um ihre Modellhaftigkeit („Musterhaft in Freud und Quaal“, V. 46; „Trennt uns nicht zum zweytenmal“, V. 48)

Analyse formaler und sprachlich-stilistischer Gestaltungsmittel

- Das Gedicht *Wiederfinden* ist gegliedert in sechs Strophen mit jeweils acht Versen. Das Versmaß ist ein regelmäßiger vierhebiger Trochäus. Am Schluss von Strophe VI (V. 45/47 bzw. 46/48) gibt es einen Rückgriff auf die Reime von V. 13/15 bzw. 26/28. Dies deutet auf die grundlegende kosmische Harmonie hin, die die Abgeschlossenheit des Schöpfungsvorgangs signalisiert.
- Regelmäßig wechselnde weibliche und männliche Kadenzen, Kreuzreim und Verbindung je zweier Verse zu syntaktischen Einheiten zum Teil mithilfe von Enjambements
- Syntaktische Abweichung in V. 13/14: Der Ausgangspunkt für Trennung und Wiederfinden im „Es werde!“ wird auf diese Weise besonders hervorgehoben
- Das Gedicht beginnt im Präsens (Strophe I), wechselt ins Präteritum (Strophe II–IV) und kehrt schließlich ins Präsens (Strophe V–VI) zurück. Das Tempus weicht in V. 20 bzw. V. 42 ab, denn hier geht es um ein unmittelbares subjektives Erleben. Das Präteritum steht für ein distanziertes Berichten des Schöpfungsvorgangs, für die Darstellung dauerhafter Harmonie. Es geht um eine szenische Vergegenwärtigung (Präsens) bzw. den Rückbezug auf die Rahmensituation (Präteritum).
- In *Wiederfinden* ist eine Häufung von Asyndeta (z. B. „Für ein Abgrund, für ein Schmerz!“, V. 4; „Ohne Sehnsucht, ohne Klang“, V. 24) zu beobachten
- Das Wortfeld der „Beziehungslosigkeit“ wird in Strophe III bis IV erschöpfend bemüht; Epiphrasen (z. B. „Stumm war alles, still und öde“,V. 25 f.) dienen der Veranschaulichung der Dissoziation und der damit einhergehenden Isolation
- Das Gedicht enthält darüber hinaus Antithesen („Musterhaft in Freud und Quaal“, V. 46) und Anaphern („Sey's Ergreifen, sey es Raffen“, V. 37). Auch Parallelismen („Ach! was ist die Nacht der Ferne/Für ein Abgrund, für ein Schmerz“, V. 3 f.) und Synästhesie dienen der Akzentuierung der Gegensätzlichkeit in der Phase der Trennung bzw. deren Aufhebung in der Phase der Vereinigung.
- Schließlich ist eine Häufung von Personifikationen (z. B. die „Morgenröthe“, V. 27) in Strophe II bis V zu beobachten
- Das Gedicht lebt von Metaphern aus dem kosmischen Bereich: Eine Analogie zwischen Natur und Liebespaar, zwischen Liebesbeziehung und Schöpfungsgeschehen wird hergestellt

Welt- und Menschenbild und Bezug zur Farbenlehre

- Das Gedicht beschreibt das für die Weimarer Klassik bezeichnende dreiphasige Welt- und Menschenbild: Die ursprüngliche, ungestaltete Harmonie geht verloren und wird wiedergewonnen in einer neuen, gestalteten Harmonie
- Goethe stellt einen epochentypischen Prozess bis hin zum autonom handelnden Menschen dar, den Liebesbund als Voraussetzung für die Fortsetzung des Schöpfungsaktes durch den Menschen anstelle der Gottheit
- In *Wiederfinden* ist die komplementäre Verbundenheit von Mann und Frau als Ausdruck des Ideals menschlicher Ganzheit thematisiert
- Auf der subjektiv-persönlichen, der religiösen sowie der naturwissenschaftlichen Ebene wird ein Dreischritt von ursprünglicher Einheit über Trennung und Polarität hin zu erneuter, gesteigerter Vereinigung vollzogen. Die Morgenröte dient hier als das zentrale Sinnbild.
- Der von Goethe erforschte naturwissenschaftliche Hintergrund ist Legitimationsbasis eines solchen Dreischritts: In der gesamten Natur wirkt nach seiner Beobachtung ein erkennbares Urphänomen einer wiederkehrenden Abfolge antithetischer und synthetischer Prozesse, wie eben auch in *Wiederfinden* beschrieben. So sieht Goethe in seiner *Farbenlehre* ein Urphänomen in der Kontrastierung von Licht und Dunkel, dazwischen findet sich die „Trübe“ (Z. 5). Alle Farben entwickeln sich aus diesem Gegensatz und deuten doch auch zurück auf „ein Gemeinsames“ (Z. 8), einen gemeinsamen Ursprung.
- Analog wird ein exemplarisches Liebeserlebnis gestaltet: Schöpfungsdarstellung und naturwissenschaftliche Phänomene verbinden sich: Das Allgemeine wird im Besonderen erkennbar
- Auffällig sind die vielen Bezugspunkte **gegen** die bestmögliche aller Welten des Gottfried Wilhelm Leibniz: Es beginnt mit dem schmerzlichen „Ach“ des Schöpfungsaktes (V. 14), dann folgen die „wilden, wüsten Träume [...]“ (V. 21), starre Räume „Ohne Sehnsucht, ohne Klang“ (V. 23 f.), „stumm“, „still“, „öde“, „einsam“, „Quaal“, „im Trüben“ (V. 25–29)
- Gott weiß sich zu helfen und beauftragt die Morgenröte, Licht und Farbe ins Geschehen zu bringen. Mit dem Farbspektrum ordnet sich das Auseinanderfallende. Erst jetzt tritt das Zusammenspielen der Elemente ein. Mit der Harmonie unter den Teilen des Universums kann geliebt werden (V. 31 f.).

Aufgabe b

Zeigen Sie [...] anhand eines literarischen Werks [...] vergleichend auf, wie sich naturwissenschaftliche Vorstellungen auf Literatur auswirken!

HINWEIS Diese Aufgabe überlässt es Ihnen, einen geeigneten Vergleichstext heranzuziehen. Doch wichtig ist, dass Sie den jeweiligen Text gut kennen und Ihre Entscheidung begründen können. Beziehen Sie sich also nur auf Texte, die Sie im Unterricht ausführlich besprochen haben.

Lösungsschritte

1	Die Aufgabenstellung in allen Teilen sorgfältig lesen; als Hilfestellung die Kernbegriffe des Arbeitsauftrags markieren
2	Die im Unterricht besprochenen Lektüren auflisten; dabei auch lyrische und kleinere epische Texte berücksichtigen
3	Überprüfen, welche der aufgelisteten Werke einen naturwissenschaftlichen Bezug aufweisen. Hilfreich ist es, den biografischen Hintergrund der Autoren einzubeziehen (Ärzte, Naturwissenschaftler etc.).
4	Gemeinsamkeiten und Unterschiede der Vergleichstexte benennen und stichwortartig notieren
5	Einen Vergleich ausformulieren; dabei die Entscheidung für den Vergleichstext begründen

Stichpunktlösung

Einleitende Überlegungen

- Zur Erfüllung dieser Teilaufgabe kann einleitend auf das Nebeneinander von Goethes poetischer und naturwissenschaftlicher Tätigkeit hingewiesen werden, wie es auch im vorliegenden Gedicht zum Ausdruck kommt. Charakteristisch für Goethe sind das Prinzip der Harmonie sowie die wechselseitige Durchdringung von naturwissenschaftlicher und ästhetischer Betrachtungsweise.
- Der Einfluss naturwissenschaftlicher Vorstellungen auf Literatur kann auf unterschiedliche Weisen erfolgen, die einander nicht ausschließen. Dazu gehören z. B. die Auseinandersetzung mit dem positivistischen, von den Naturwissenschaften geprägten Menschenbild im Zeitalter der Industrialisierung sowie mit dem zerstörerischen Potenzial naturwissenschaftlicher Erkenntnisse, aber auch die Übernahme naturwissenschaftlicher Vorstellungen und Errungenschaften als Ausgangspunkt für den Blick in hoch technisierte Zukunfts- oder Parallelwelten. Auch Texte, die Kritik an den Naturwissenschaften äußern, können also angeführt werden.

Georg Büchners *Woyzeck*

- Auf der Suche nach Autoren mit naturwissenschaftlichem Hintergrund wird man u. a. auf Friedrich Schiller, Arthur Schnitzler oder Gottfried Benn stoßen. Mit großer Sicherheit werden auch Vertreter des Naturalismus genannt werden, deren Bestreben es war, sich intensiv mit den Gesetzmäßigkeiten der Natur auseinanderzusetzen und diese abzubilden. Sicher wird aber auch Georg Büchner Erwähnung finden, der umfangreiche naturwissenschaftliche und medizinische Forschungen betrieb und nicht zuletzt eine wissenschaftliche Untersuchung über das Nervensystem der Barbe veröffentlichen ließ. Seine Forschung nahm Einfluss auf sein literarisches Werk, besonders auf die beiden Hauptwerke *Lenz* und *Woyzeck,* von denen Letzterer zu den am häufigsten gewählten Kurslektüren zählt.
- Für die literarische Figur des Doktors im *Woyzeck* scheint es ein Vorbild in Büchners Studienzeit in Gießen gegeben zu haben – einen Dozenten, der ähnlich sadistische Züge trug wie sein literarisches Ebenbild
- Der Arzt als Inbegriff unmenschlicher Forschung
  - In der Gestalt des Doktors zeigt Georg Büchner ein pervertiertes naturwissenschaftliches Verständnis, das für zweifelhafte Forschungsergebnisse eine nachhaltige Schädigung des Patienten billigend, ja freudig in Kauf nimmt. So zwingt der Doktor Woyzeck, der sich in großer finanzieller Not befindet, zu einer einseitigen Ernährung.
  - Über die sich entwickelnden Krankheiten, über die Verschlechterung von Woyzecks allgemeinem Zustand jubelt der Doktor förmlich: „Woyzeck, Er hat die schönste Aberratio mentalis partialis, die zweite Spezies, sehr schön ausgeprägt. Woyzeck, Er kriegt Zulage! Zweite Spezies: fixe Idee mit allgemein vernünftigem Zustand."
  - Seinen Höhepunkt findet die Grausamkeit des Doktors in einer Vorführung Woyzecks vor Studenten. Woyzeck ist für ihn nur noch ein Objekt zur Erforschung höchst fragwürdiger pseudowissenschaftlicher Thesen: „Sehen Sie: der Mensch, seit einem Vierteljahr ißt er nichts als Erbsen; bemerken Sie die Wirkung, fühlen Sie einmal: Was ein ungleicher Puls! Der und die Augen! [...] So, meine Herren! Das sind so Übergänge zum Esel, häufig auch die Folge weiblicher Erziehung und die Muttersprache."
  - Die literarische Figur des Doktors gerät daher zur Karikatur des Forschers, die dem Leser die Gefahren einer ungebremsten Entwicklung naturwissenschaftlicher Methoden aufzeigen soll

Vergleich Büchner und Goethe

- Die Folgerungen, die Büchner aus seinen naturwissenschaftlichen und medizinischen Studien und aus der Beobachtung von Dozenten und Kollegen zieht, stehen Goethes Auffassung diametral gegenüber. So übt *Woyzeck* deutliche Kritik an naturwissenschaftlicher Methodik: Der Medizin werden Inhumanität und Verstöße gegen die Menschenrechte vorgeworfen, für die sich Büchner politisch engagierte.

- Aus den vorliegenden Texten Goethes lässt sich hingegen Folgendes ableiten: Seine naturwissenschaftlichen Forschungen fügen sich in ein Weltbild, das auf der wiederkehrenden Abfolge sich trennender und schließlich sich vereinender Prozesse basiert und ganz im Zeichen eines höheren Ganzen steht
- Während im *Woyzeck* der Mensch durch unmenschliche naturwissenschaftliche Forschungen auf das medizinische Phänomen, auf das willenlose Einzelne reduziert und damit „fragmentiert“ wird, erscheint der Mensch in *Wiederfinden* als autonomer, selbstbestimmter Bestandteil einer wiedererlangten harmonischen Einheit

TIPP Aufgaben wie diese, die auf Unterrichtslektüren zurückgreifen, sind häufig. Zur Vorbereitung des Abiturs empfiehlt es sich daher, alle besprochenen Werke ins Gedächtnis zu rufen. Hierbei spielt die literarische Gattung keine Rolle. Sie können also lyrische Texte mit epischen oder dramatischen Werken vergleichen. Wörtliche Zitate werden nicht von Ihnen erwartet, doch ist ein möglichst konkreter Textbezug sehr wichtig.

Schnell-Check Poetischer Text

Aufgabe	Aufgabentyp			Trainingstipps
a	**Erschließen** ■ Analysieren ■ Interpretieren ■ Unter Berücksichtigung des Welt- und Menschenbildes			■ Die sprachlichen Merkmale eines Gedichts wiederholen, z. B. Versfuß, Versmaß, rhetorische Mittel, Auffälligkeiten in Metrik, Wortwahl, Satzbau usw. ■ Durch welche Schlüsselbegriffe wird die Aussage beeinflusst? ■ Inwiefern kann der Text in Zusammenhang mit der Epoche der Klassik gebracht werden? ■ Welche Parallelen lassen sich zwischen Gedicht und der *Farbenlehre* erkennen?
b	**Vergleichen**			■ Vergleichsaspekt: Welches naturwissenschaftliche Grundverständnis findet sich bei Goethe? ■ Welche andere Unterrichtslektüre steht im Zeichen der Naturwissenschaften? ■ Wo sind die Gemeinsamkeiten, wo die Unterschiede?

G8 MUSTERPRÜFUNG POETISCHER TEXT (2)

Aufgabentyp	Erschließung eines poetischen Textes
Material	Friedrich Hebbel: *Judith* (1839/40) **Denkbares Vergleichswerk:** Gotthold Ephraim Lessing: *Emilia Galotti* (1772)
Textsorte	Drama: Tragödie, Bürgerliches Trauerspiel
Thema	Frauenbilder in der Literatur; Geschlechterverhältnis; Altes Testament; Realismus; Aufklärung

Erschließung eines poetischen Textes

Aufgabe a

Erschließen Sie den folgenden Szenenausschnitt, indem Sie Inhalt und Aufbau sowie die dramaturgischen und sprachlich-stilistischen Gestaltungsmittel untersuchen! Arbeiten Sie dabei vor allem die Gesprächsstrategie der Protagonistin heraus!

Aufgabe b

Vergleichen Sie die hier deutlich werdenden geschlechtsspezifischen Gegensätze mit deren Gestaltung in einem anderen literarischen Werk!

Vorbemerkung

Friedrich Hebbels fünfaktige Tragödie *Judith* entstammt dem Stoffkreis des Alten Testaments. Holofernes, der grausame oberste Feldherr des assyrischen Königs Nebukadnezar, lagert mit einer gewaltigen Streitmacht vor der hebräischen Stadt Bethulien, die sich als letzte und einzige der Unterwerfung verweigert. Deshalb hat Holofernes die vollständige Vernichtung der Stadt beschlossen, die sich in einer nahezu ausweglosen Situation befindet. Daraufhin fasst die fromme Hebräerin Judith den Entschluss, die Rettung der Stadt in die Hand zu nehmen und Holofernes zu töten. Auf Gottes Hilfe vertrauend begibt sie sich in Holofernes' Lager. Unter dem Vorwand, ihr Volk verraten zu wollen, gelingt es ihr, zu Holofernes vorgelassen zu werden, der von ihrer Schönheit gefesselt ist. Der vorliegende Textausschnitt ist das Ende des vierten Akts und handelt von der ersten Begegnung Judiths mit Holofernes in dessen Zelt. Judiths Magd Mirza, die sie begleitet, wartet während des Gesprächs vor der Tür.

Friedrich Hebbel (1813 – 1863) *Judith* (1839/40)

[...]

HOLOFERNES. Was machst du? Ich will nicht, daß du vor mir knieen sollst.

JUDITH *(steht auf).* Sie[1] meinen, daß du sie alle töten willst! du lächelst, statt empört zu sein? O, ich vergaß, wer du bist! du kennst die Gemüter der Menschen, dich kann nichts überraschen, dich reizt es nur noch zum Spott, wenn dein Bild in einem trüben Spiegel entstellt und verzerrt erscheint. Aber, dies muß ich doch zum Ruhm der Meinigen sagen: sie selbst hätten einen solchen Gedanken nimmermehr gefaßt. Sie wollten dir das Tor öffnen, da trat Achior, der Moabiter[2]-Hauptmann, unter sie und erschreckte sie; „was wollt ihr tun - rief er - wißt ihr auch, daß Holofernes euch allen den Untergang geschworen hat?“ Ich weiß, du hast ihm Leben und Freiheit geschenkt; du hast, weil du dich an einem Unwürdigen nicht rächen mogtest, ihn zu uns hinübergesandt, ihn großmütig in die Reihen deiner Feinde gestellt. Er dankt es dir dadurch, daß er dein Bild in Blut malt und dir jedes Herz abwendig macht. Nicht wahr, mein kleines Volk bildet sich zu viel ein, wenn es sich deines Zorns würdig dünkt? Wie könntest du hassen, die du gar nicht kanntest, die du nur zufällig auf deinem Weg antrafst und die dir nur darum nicht auswichen, weil die Angst sie erstarrte und ihnen Leben und Besinnung raubte? Und wenn wirklich etwas wie Mut sie beseelt hätte, könnte das dich reizen, von dir selbst abzufallen? Könnte Holofernes *sich selbst,* alles, was ihn groß und einzig macht, in anderen anfeinden und verfolgen? Das ist wider die Natur und geschieht nimmermehr! *(Sie sieht ihn an. Er schweigt.)* O, ich mögte du sein! Nur einen Tag, nur eine Stunde! Dann wollt ich dadurch, daß ich das Schwert einsteckte, einen Triumph feiern, wie ihn noch keiner durch das Schwert gefeiert hat. Tausende zittern jetzt vor dir in jener Stadt; ihr habt mir getrotzt - würd ich ihnen zurufen - doch eben, weil ihr mich beleidigt habt, schenk ich euch das Leben; ich will mich rächen an euch, aber durch euch selbst; ich lasse euch frei ausgehen, damit ihr ganz meine Sklaven seid!

HOLOFERNES. Weib, ahnst du auch, daß du mir dies alles unmöglich machst, indem du mich dazu aufforderst? Wäre der Gedanke in mir selbst aufgestiegen, vielleicht hätt ich ihn ausgeführt. Nun ist er dein und kann nimmer mein werden. Es tut mir leid, daß Achior recht behält!

JUDITH *(bricht in ein wildes Gelächter aus).* Vergib; gestatte mir, daß ich mich selbst verhöhne. Es sind Kinder in der Stadt, so unschuldig, daß sie lächeln werden, wenn sie das Eisen blinken sehen, das sie spießen soll. Es sind Jungfrauen in der Stadt, die vor dem Lichtstrahl zittern, der durch ihren Schleier dringen will. Ich dachte an den Tod, der diese Kinder erwartet, ich dachte an die Schmach, die diese Jungfrauen bedroht; ich malte mir das Gräßliche aus, und ich glaubte, niemand könne so stark sein, daß er vor solchen Bildern nicht zusammenschauderte. Verzeih, daß ich dir meine eigne Schwäche unterlegte!

HOLOFERNES. Du wolltest mich schmücken, und das verdient meinen Dank, wenn die Art mir auch nicht ansteht. Judith, wir müssen nicht miteinander rechten. Ich bin bestimmt, Wunden zu schlagen, du, Wunden zu heilen. Wär ich in meinem Beruf lässig, so hättest du keinen Zeitvertreib. Auch mit meinen Kriegern mußt dus nicht so genau nehmen. Leute, die heute nicht wissen, ob sie morgen noch da sind, müssen schon dreist zugreifen und sich den Magen etwas überladen, wenn sie ihren Teil von der Welt haben wollen.

JUDITH. Herr, du übertriffst mich an Weisheit ebenso weit, wie an Mut und Kraft. Ich hatte mich in mir selbst verirrt, und nur dir dank ichs, daß ich mich wieder zurecht fand. Ha, wie törigt war ich! Ich weiß, daß sie alle den Tod verdient haben, daß er ihnen längst verkündigt worden ist; ich weiß, daß der Herr, mein Gott, dir das Rächeramt übertragen hat, und dennoch werf ich mich, von erbärmlichem Mitleid überwältigt, zwischen dich und sie. Heil mir, daß deine Hand das Schwert festhielt, daß du es nicht fallen ließest, um die Tränen eines Weibes zu trocknen. Wie würden sie in ihrem Übermut bestärkt worden sein! Was bliebe ihnen noch zu fürchten, wenn Holofernes an ihnen vorüberzöge, wie ein Gewitter, das nicht zum Ausbruch kommt! Wer weiß, ob sie nicht Feigheit in deiner Großmut sehen und Spottlieder auf deine Barmherzigkeit machen würden! Jetzt sitzen sie im Sack und in der Asche und tun Buße, aber für jede Stunde der Enthaltsamkeit würden sie sich vielleicht durch einen Tag wilder Lust und Raserei entschädigen! Und all ihre Sünden würden auf meine Rechnung kommen, und ich müßte vergehen vor Reue und Scham. Nein, Herr, gedenk deines Schwurs und vertilg sie! Dies läßt der Herr, mein Gott, dir gebieten durch meinen Mund; er will dein Freund sein, wie du ihr Feind bist!

HOLOFERNES. Weib, es kommt mir vor, als ob du mit mir spieltest. Doch nein, ich beleidige mich selbst, indem ich dies für möglich halte. *(Nach einer Pause.)* Du klagst die Deinigen hart an.

JUDITH. Meinst du, daß es mit leichtem Herzen geschieht? Es ist die Strafe meiner eignen Sünden, daß ich sie wegen der ihrigen verklagen muß. Glaube nicht, daß ich bloß darum von ihnen geflohen bin, weil ich dem allgemeinen Untergang, den ich vor Augen sah, entgehen wollte. Wer fühlte sich so rein, daß er, wenn der Herr ein großes Gericht hält, sich ihm zu entziehen wagte? Ich kam zu dir, weil mein Gott es mir gebot. Ich soll dich nach Jerusalem führen, ich soll dir mein Volk in die Hand geben, wie eine Herde, die keinen Hirten hat. Dies hat er mich geheißen in einer Nacht, wo ich im verzweifelnden Gebet vor ihm auf den Knieen lag, wo ich tausendfaches Verderben auf dich und die Deinigen von ihm herabflehte, wo jeder meiner Gedanken dich zu umschnüren und zu erwürgen suchte. Seine Stimme erscholl und ich jauchzte hoch auf, aber er hatte mein Gebet verworfen, er sprach über mein Volk das Todesurteil, er lud auf meine Seele das Henkeramt. O, das war ein Wechsel! Ich erstarrte, aber ich gehorchte, ich verließ eilig die Stadt, und schüttelte den Staub von meinen Füßen, ich trat vor dich hin und ermahnte dich, die zu vertilgen, für deren Rettung ich kurz zuvor noch Leib und Blut geopfert hätte. Siehe, sie werden mich schmähen und meinen Namen brandmarken für immer; das ist mehr, als der Tod, dennoch beharr ich und wanke nicht!

HOLOFERNES. Sie werdens nicht tun. Kann dich einer schmähen, wenn ich keinen am Leben lasse? Wahrlich, wenn dein Gott ausrichten wird, was du gesagt hast, so soll er auch mein Gott sein, und dich will ich groß machen, wie noch nie ein Weib! *(Zum Kämmerer.)* Führe sie in die Schatzkammer und speise sie von meinem Tisch.

JUDITH. Herr, ich darf noch nicht essen von deiner Speise, denn ich würde mich versündigen. Ich kam ja nicht zu dir, um von meinem Gott abzufallen, sondern um ihm recht zu dienen. Ich habe etwas mit mir genommen, davon will ich essen.

HOLOFERNES. Und wenn das auf[3] ist?

JUDITH. Sei gewiß, bevor ich dies wenige verzehren kann, wird mein Gott durch mich ausführen, was er vor hat. Auf fünf Tage[4] hab ich genug, und in fünf Tagen bringt ers zu Ende. Noch weiß ich die Stunde nicht und mein Gott wird sie mir nicht eher sagen, als bis sie da ist. Darum gib Befehl, daß ich, ohne von den Deinigen gehindert zu werden, hinaus gehen darf ins Gebirg bis vor die Stadt, damit ich anbete und der Offenbarung harre.

HOLOFERNES. Die Erlaubnis hast du. Ich ließ die Schritte eines Weibes noch nie bewachen. Also in fünf Tagen, Judith!

JUDITH *(wirft sich ihm zu Füßen und geht zur Tür).* In fünf Tagen, Holofernes!

MIRZA *(die ihr Entsetzen und ihren Abscheu längst durch Gebärden zu erkennen gab).* Verfluchte, so bist du gekommen, dein Volk zu verraten?

JUDITH. Sprich laut! Es ist gut, wenn alle hören, daß auch du an meine Worte glaubst!

MIRZA. Sag selbst, Judith, muß ich dir nicht fluchen?

JUDITH. Wohl mir! Wenn du nicht zweifelst, so kann Holofernes gewiß nicht zweifeln!

MIRZA. Du weinst?

JUDITH. Freudentränen darüber, daß ich dich täuschte. Ich schaudere vor der Kraft der Lüge in meinem Munde. *(Ab.)*

(Orthographie und Interpunktion entsprechend dem Erstdruck)

1 Sie: die Bewohner der Stadt Bethulien
2 Moabiter: Nachbarvolk der Hebräer, das sich Holofernes zuvor unterworfen hat
3 auf: aufgegessen, verbraucht
4 fünf Tage: Bethulien kann der Belagerung noch maximal fünf Tage standhalten

LÖSUNGSVORSCHLAG POETISCHER TEXT (2)

Lösungsvorschlag
Erschließung eines poetischen Textes

Aufgabe a

Erschließen Sie [...], indem Sie Inhalt und Aufbau sowie die dramaturgischen und sprachlich-stilistischen Gestaltungsmittel untersuchen! Arbeiten Sie [...] die Gesprächsstrategie der Protagonistin heraus.

> HINWEIS Hebbels *Judith* wird mit an Sicherheit grenzender Wahrscheinlichkeit nicht im Unterricht besprochen worden sein. Lassen Sie sich davon nicht beirren. Es ist jedoch hilfreich, sich den literarischen Stoff, der dem Alten Testament entstammt, ins Gedächtnis zu rufen. Im Zentrum der Aufgabe steht eine sorgsame Analyse der vorliegenden Szene; berücksichtigen Sie dabei die im Arbeitsauftrag genannten Schwerpunkte.

Lösungsschritte

1	Den Szenenausschnitt aus Hebbels *Judith* aufmerksam lesen
2	Die Aufgabenstellung in allen Teilen sorgfältig lesen; dabei die Kernbegriffe unterstreichen bzw. markieren
3	Den Szenenausschnitt abermals lesen. Erster Durchgang: Formale und stilistische Auffälligkeiten und Besonderheiten markieren.
4	Den Szenenausschnitt erneut lesen. Zweiter Durchgang: Den Inhalt erfassen und in eigenen Worten stichwortartig notieren.
5	Den Szenenausschnitt ein weiteres Mal sorgfältig lesen. Dritter Durchgang: Analyse der Gesprächsstrategie und des Gesprächsziels Judiths.
6	Eine Gliederung gemäß dem vorliegenden Arbeitsauftrag erstellen; dabei folgende Punkte berücksichtigen: Inhalt und Aufbau, dramaturgische Gestaltung, sprachlich-stilistische Gestaltung, Judiths Gesprächsstrategie
7	Die Analyse und Interpretation ausformulieren; anschließend Geschriebenes erneut lesen, überprüfen und überarbeiten

Stichpunktlösung

Zur Vorgeschichte

- Auf Befehl des assyrischen Königs Nebukadnezar zieht dessen Feldherr Holofernes in die Schlacht gegen die Israeliten. In aussichtsloser Lage geht Judith ins Lager des Feindes. Im Alten Testament wird sie wie folgt beschrieben: „Sie hatte eine schöne Gestalt und ein blühendes Aussehen. Ihr Gatte Manasse hatte ihr Gold und Silber, Knechte und Mägde, Vieh und Felder hinterlassen, die sie in ihrem Besitz hielt. Niemand konnte ihr etwas Böses nachsagen, denn sie war sehr gottesfürchtig." (Buch Judit, Kapitel 8, 7–8). Judith erregte die Aufmerksamkeit des Holofernes durch ihre Schönheit und Klugheit, als sie um die Schonung ihres Volkes bat. Nach einem Fest, bei dem sich Holofernes betrank, tötete Judith Holfernes, indem sie ihm den Kopf mit seinem eigenen Schwert abschlug. Mit dieser Tat rettete sie ihr Volk vor dem sicheren Untergang.

Inhalt und Aufbau

Der Szenenausschnitt lässt sich in fünf Teile gliedern

- 1. Teil: Vergeblicher Appell Judiths an Holofernes' Großmut (Z. 1 – 27)
  - Judith fordert Holofernes auf, sich großherzig zu zeigen, die Stadt Bethulien zu verschonen und dessen Bewohner über die eigene Größe so zu belehren; Judith nennt den Moabiter-Hauptmann Achior als Beispiel für ein solch großzügiges Verhalten
  - Holofernes lehnt dieses Ersuchen Judiths schroff ab. Gerade die Berufung Judiths auf die Gnade, die Achior zuteil wurde, mache ihm ein solches Handeln unmöglich, zumal er selbst allein der Initiator solcher Gnade sein könne.
- 2. Teil: Erfolgloser Appell Judiths an Holofernes' Mitgefühl und Barmherzigkeit (Z. 28 – 40)
  - Judith erniedrigt sich vor Holofernes und malt das Wüten der Truppen aus mit Plünderungen, Vergewaltigungen und Mord, um das Mitleid des Holofernes zu erregen
  - In herablassender Art zeigt Holofernes keinerlei Verständnis für die Worte Judiths, sondern vertritt im Gegenteil die Ansicht, militärische Grausamkeit sei durch Krieg legitimiert
- 3. Teil: Gewinnen von Holofernes' Vertrauen durch Judiths scheinbare Wendung gegen ihr Volk (Z. 41 – 73)
  - Judith umschmeichelt Holofernes durch ihre scheinbare Zustimmung zu dessen Äußerungen und ihrem Eingeständnis eigenen Fehlverhaltens. Sie bestätigt zum Schein, dass Holofernes als Rächer im Auftrag Gottes zur Vernichtung der sündhaften Hebräer agiere. Aus diesem Grund fordert Judith Holofernes auf, sein Vorhaben – auch um ihres eigenen Seelenheils willen – in die Tat umzusetzen.

  - Holofernes wird angesichts Judiths plötzlichen Gesinnungswandels argwöhnisch; er verwirft jedoch seine eigenen Zweifel alsbald selbstsicher
  - Judith bestätigt zum Schein den göttlichen Auftrag des Holofernes zur Vernichtung des hebräischen Volkes und verweist hierbei auf ihre eigenen Verfehlungen
  - Judith betont ihren Gehorsam gegenüber Gott, obwohl sie befürchtetet, als Verräterin durch ihr eigenes Volk verachtet zu werden
- 4. Teil: Erfolgreicher Gesprächsabschluss durch zeitlichen Aufschub (Z. 74 – 89)
  - Holofernes verspricht, den fremden Gott der Hebräer anzuerkennen und Judith mit seiner Gunst zu belohnen. Er möchte seine Schätze und seinen Tisch mit ihr teilen.
  - Judith erkennt die Absichten des Holofernes und lehnt seinen Wunsch unter Hinweis auf religiöse Gebote ab
  - Judith erbittet sich eine Frist von fünf Tagen, während derer sie sich frei bewegen darf
  - Judith spricht die zweideutige Prophezeiung aus, Gott werde innerhalb dieser Frist sein Vorhaben durch sie als Werkzeug zu Ende führen
- 5. Teil: Bestätigung von Judiths erfolgreicher Gesprächstaktik im Dialog mit Mirza (Z. 90 – 97)
  - Mirza, Judiths Magd, zeigt sich entsetzt über den scheinbaren Verrat ihrer Herrin am hebräischen Volk
  - Diese Reaktion Mirzas erfreut Judith, ist sie doch der Beweis ihrer listigen Überzeugungskraft

Dramaturgische Gestaltung

- Die Redeanteile Judiths überwiegen bei Weitem. Aus ihrer Position der Unterlegenheit versucht sie, Holofernes sowohl zu überreden als auch zu überzeugen. Dabei argumentiert Judith rational wie auch emotional. Die „sprachliche Oberfläche" ist durchgängig emotional geprägt, während den emotionalen Worten eine überaus rationale Intention und Argumentationsstrategie zugrunde liegen.
- Holofernes reagiert lediglich auf die Ausführungen Judiths. Er stellt bei jeder Gelegenheit die eigene, überlegene Position heraus, agiert eher kaltblütig-rational, teilweise auch sehr herablassend (z. B. „Wär ich in meinem Beruf lässig, so hättest du keinen Zeitvertreib", Z. 37 f.)
- Die Strategie des Holofernes ist eher von abwartendem Schweigen geprägt („*(Sie sieht ihn an. Er schweigt.)*", Z. 17 f.). Er ignoriert bewusst Judiths Appelle, zeigt sich von diesen eher irritiert. Durch Judiths scheinbares Einlenken wandelt sich seine Einstellung.
- Gegen Ende des Gesprächs gleichen sich die Redeanteile aus. Judith gelingt es, ihr Täuschungsmanöver zum Erfolg zu führen, und sie bespricht mit Holofernes das

weitere Vorgehen. Holofernes versucht nun, Judith für sich zu gewinnen, beeindruckt von ihrer Art und ihrer inneren Stärke, wie er „noch nie ein Weib" (Z. 76) gesehen hatte.

- Der finale, kurze Wortwechsel zwischen Judith und Mirza identifiziert den gesamten vorangegangenen Dialog als absichtliche Täuschung des Holofernes („Freudentränen darüber, dass ich dich täuschte", Z. 96)
- Zur Gestik und Mimik: Ihr Kniefall soll planvoll Judiths unterlegene Gesprächsposition gegenüber Holofernes verdeutlichen (Z. 1), sie wirft sich ihm sogar zu Füßen, um seiner Eitelkeit zu schmeicheln (Z. 89). Judith überspielt ihr Entsetzen über das Vorhaben des Feldherrn, täuscht in ihrer Mimik Holofernes ganz bewusst, wechselt nach erfolglosen Appellen ihre Strategie und hat damit Erfolg.

Sprachlich-stilistische Gestaltung

- Die Sprache der drei im Szenenausschnitt beteiligten Figuren bedient sich einer anspruchsvollen Prosa und eines gehobenen Sprachniveaus
- Der Satzbau ist hierbei durchgehend korrekt, die Wortwahl anspruchsvoll. Es überwiegen komplexe Satzstrukturen.

Judiths Rhetorik

- Judiths rhetorischer Schatz ist reich und bewegt sich zwischen gezielt leidenschaftlichem Sprechen und ganz kalkulierter, berechnender Argumentation
- Ausrufe („O, ich mögte du sein! Nur einen Tag, nur eine Stunde!", Z. 18), rhetorische Fragen („Meinst du, daß es mit leichtem Herzen geschieht?", Z. 59) und Asyndeta („Ich dachte an den Tod [...], ich dachte an die Schmach", Z. 31 f.) dienen dazu, der Emotionsgeladenheit der Situation Ausdruck zu verleihen. Sie beschwören eine eindringliche Dichte des Dialogs.
- Parallelismen und Wiederholungen, antithetisches Sprechen (Z. 41 ff.) stehen für die Überredungsversuche Judiths, für ihr kalkuliertes Argumentieren („Ich weiß, daß sie alle den Tod verdient haben, [...] ich weiß, daß der Herr, mein Gott, dir das Rächeramt übertragen hat", Z. 43 f.)
- Der Dialog bedient sich etlicher Metaphern, bildhafter Beispiele und Vergleiche wie auch alttestamentarischer Wendungen: So wird Holofernes mit einem „Gewitter" (Z. 48) verglichen, Judith will ihm ihr Volk zuführen „wie eine Herde, die keinen Hirten hat" (Z. 64). Auch diese Stilmittel sollen die Anschaulichkeit des Textes steigern und Judiths Überzeugungskraft erhöhen. Holofernes wird hierbei vorgespiegelt, dass sowohl er als auch Judith im Auftrag Gottes handeln („Ich kam zu dir, weil mein Gott es mir gebot.", Z. 63).

Holofernes' Reaktion

- Holofernes findet sich in diesem Szenenausschnitt in der Rolle des Antwortenden, des Reagierenden. Rhetorisch gesehen überlässt er Judith das Feld. Seine Sprache ist geprägt von Überheblichkeit und Zynismus. Er strahlt den Hochmut und die Überlegenheit des unbesiegbaren Feldherrn aus, was ihm zum Verhängnis wird.

- Entsprechend bedient er sich einiger Imperative (Z. 76 ff.) und des Irrealis („Wäre der Gedanke in mir selbst aufgestiegen, vielleicht hätt ich ihn ausgeführt“, Z. 25 f.). Seine Fragen sind rein rhetorisch, erwarten keine Antwort („Weib, ahnst du auch, daß du mir dies alles unmöglich machst, indem du mich dazu aufforderst?“, Z. 24 f.).
- Wie dies „funktioniert“, zeigt folgende Textstelle: Für einen kurzen Moment ereilen Holofernes scheinbar Selbstzweifel („Weib, es kommt mir vor, als ob du mit mir spieltest“, Z. 56). Doch diesem Potentialis folgt sofort eine Korrektur: „Doch nein, ich beleidige mich selbst, indem ich dies für möglich halte.“ (Z. 56 f.) Schon ist also Holofernes zu seiner egozentrischen Betrachtungsweise zurückgekehrt.
- Besonders gegen Ende des vorliegenden Szenenausschnitts ist die Widerrede Holofernes geprägt von elliptischem („Also in fünf Tagen“, Z. 88) und parataktischem Sprechen („Sie werdens nicht tun“, Z. 74; „Und wenn das auf ist?“, Z. 81); kurz und hart wirken seine Formulierungen und sind so Ausdruck emotionaler Kälte. Im Gegensatz zur Sprache Judiths wird die Emotion zurückgedrängt; es herrscht die Ratio.

Gesprächsstrategie der Protagonistin Judith

- Die Gesprächsführung Judiths passt sich der jeweiligen Reaktion des Holofernes flexibel an, verliert aber das Gesprächsziel keinen Moment aus den Augen. Judith verfolgt planvoll folgende Strategien:
  - Sie bestärkt Holofernes in seiner Überlegenheit. So gelingt es ihr, sein übersteigertes Selbstwertgefühl auszunutzen (z. B. „Herr, du übertriffst mich an Weisheit ebenso weit, wie an Mut und Kraft“, Z. 41).
  - Sie appelliert an das Mitgefühl von Holofernes und betont somit ihre eigene Schwäche (z. B. „Verzeih, daß ich dir meine eigne Schwäche unterlegte!“, Z. 33 f.)
  - Judith unterwirft sich, demütigt sich und lobt Holofernes überschwänglich. Dies dient allein der Vorbereitung des eigentlichen Täuschungsmanövers.
  - Zu diesem Zweck entwirft Judith ein Bild des Rächers Holofernes und dessen angeblich göttlichen Racheauftrags („Nein, Herr, gedenk deines Schwurs und vertilg sie! Dies läßt der Herr, mein Gott, dir gebieten durch meinen Mund“, Z. 53 f.)
  - Die ausschmückenden Elemente der Narration Judiths dienen der Verstärkung ihrer Überzeugungskraft als Reaktion auf die kurzen Zweifel des Holofernes
  - Als sich Holofernes schließlich von Judith tief beeindruckt zeigt und sich ihr nähern will, zieht sich Judith mit dem Verweis auf religiöse Gebote zurück und behält so ihre Handlungsfreiheit („Herr, ich darf noch nicht essen von deiner Speise, denn ich würde mich versündigen.“, Z. 78).

Aufgabe b

Vergleichen Sie die [...] geschlechtsspezifischen Gegensätze mit deren Gestaltung in einem anderen literarischen Werk!

> **HINWEIS** Die Aufgabe benötigt Besinnung auf die im Unterricht besprochene Lektüre. Beziehen Sie sich nur auf Texte, die Sie im Unterricht ausführlich besprochen haben! Sie müssen einen geeigneten Vergleichstext suchen und diesen im Hinblick auf die Handlung und die Figuren unter dem oben angeführten Gesichtspunkt überprüfen. Parallelen und Unterschiede zum vorliegenden Textausschnitt aus Hebbels *Judith* sind entsprechend zu erläutern. Die Gewichtung der beiden Teilaufgaben ist nicht näher geregelt.

Lösungsschritte

1	Die Aufgabenstellung in allen Teilen sorgfältig lesen; dabei Kernbegriffe unterstreichen bzw. markieren
2	Die im Unterricht besprochenen Lektüren auflisten und dabei auch lyrische und kleinere epische Texte einbeziehen
3	Analysieren, welche geschlechtsspezifischen Gegensätze im vorliegenden Textauszug auszumachen sind: Wofür steht Judith, wofür Holofernes?
4	Anhand der in Schritt 2 erstellten Liste überprüfen, welches der benannten Werke vergleichbare geschlechtsspezifische Gegensätze aufweist: Bei welchem anderen Text gibt es eine vergleichbare Personenkonstellation? Was sind die Gemeinsamkeiten, wo liegen die Unterschiede? Welche Rolle spielen die geschlechtsspezifischen Gegensätze für den Fortlauf der Handlung? Die Zugehörigkeit zu einer anderen literarischen Epoche spielt dabei keine Rolle.
5	Gemeinsamkeiten und Unterschiede stichwortartig und evtl. in Tabellenform notieren
6	Einen Vergleich ausformulieren; dabei die Entscheidung für den Vergleichstext einleitend begründen. Die Ausführungen abermals lesen und überarbeiten.

Stichpunktlösung

Begründung der Entscheidung für den Vergleichstext *Emilia Galotti*

- In zahlreichen literarischen Werken sind geschlechtsspezifische Gegensätze thematisiert. Als Ausgangspunkt des Vergleichs bietet sich die Benennung geschlechtsspezifischer Gegensätze an, die Holofernes (Machtbewusstsein) und Judith (List) im vorliegenden Textausschnitt verkörpern. Auf der Suche nach einem Vergleichstext wird man schnell bei Gotthold Ephraim Lessing fündig. Sein Werk ist u. a. bekannt für „starke" weibliche Figuren. Sowohl in *Miss Sara Sampson* als auch in *Emilia Galotti* finden sich entsprechende Figuren, in der Literaturwissenschaft auch mitunter „rasende Weiber" genannt. Besonders letzteres Werk wird im Unterricht häufig besprochen.

Vergleich zwischen Holofernes und dem Prinzen von Guastalla

- Beide Charaktere besitzen eine ausgeprägte machtbewusste Arroganz. Ihre Haltung ist Frauen gegenüber von Herablassung geprägt; im Wissen um die eigene Stärke versuchen sie, das andere Geschlecht zu „beherrschen" (vgl. z. B. die Selbstverständlichkeit, mit welcher der Prinz von Guastalla glaubt, Emilia für sich als Geliebte in Anspruch nehmen zu dürfen).
- Ihre Sprache ist geprägt von Gefühlskälte, Zynismus und Gleichgültigkeit gegenüber den Gefühlen anderer Menschen. Für Holofernes ist der Krieg sein Geschäft, der Prinz schreckt vor Morden nicht zurück, z. B. an seinem Konkurrenten Appiani.
- Holofernes und der Prinz sind Egozentriker und wollen Welt und Menschen unterwerfen. Ihre Überheblichkeit wird beiden zum Verhängnis, ist Ursache für ihren Untergang. Aufgrund ihrer maßlosen Selbstüberschätzung übersehen sie beide die ihnen drohende Gefahr.

Vergleich zwischen Judith und Gräfin Orsina

- Beide Frauenfiguren finden sich scheinbar in die Unterwürfigkeit als Teil ihres weiblichen Rollenverhaltens. Gräfin Orsina jedoch verändert sich, sobald sie die Zurückweisung des Prinzen, dessen Geliebte sie ist, erfährt.
- Beide Figuren agieren mit Mitgefühl und Emotionalität - mit zwei als weiblich geltenden Attributen - und sind damit erfolgreich: Judith gelingt es, Holofernes zu töten, Gräfin Orsina hat Anteil am Niedergang des Prinzen
- Gräfin Orsina zeigt ebenso wie Judith ein hohes Maß an Empathie als Ausdruck innerer Stärke und zugleich als Grundlage für geschickte Manipulationen, z. B. als sie versucht, Emilias Vater zum Prinzenmord zu bewegen
- Ein fundamentaler Unterschied besteht jedoch in der Motivation ihrer List: Während Judith zum Schutz ihres Volkes handelt, wird Gräfin Orsina in erster Linie von persönlicher Rachelust getrieben

TIPP Zur Vorbereitung dieser Aufgabenform empfiehlt es sich, zu den gelesenen und im Unterricht besprochenen Werken eine Liste themenverwandter Texte zu erstellen. Denkbare Vergleichswerke sind neben Lessings *Emilia Galotti* und *Miss Sara Sampson* auch Fontanes *Effi Briest* und Grillparzers *Medea*. Es wird nicht erwartet, dass Sie aus den Vergleichswerken wörtlich zitieren. Nichtsdestoweniger sollten Sie Ihre Ausführungen durch möglichst konkrete Textbezüge belegen. In diesem Fall ist eine gute Kenntnis der Personen unabdingbar.

Schnell-Check Poetischer Text

Aufgabe	Aufgabentyp			Trainingstipps
a	**Erschließen** ■ Analysieren ■ Interpretieren ■ Unter Berücksichtigung der Gesprächsstrategien			■ Die sprachlichen Merkmale eines literarischen Textes im Wirkungszusammenhang wiederholen (Stil, rhetorische Mittel, Auffälligkeiten in Ausdruck, Satzbau usw.) ■ Welche Konflikte bestehen zwischen den Protagonisten? Was sind die Intentionen der Figuren? ■ Agieren die Figuren oder reagieren sie? Wie sind die Redeanteile verteilt?
b	**Vergleichen**			■ Welcher Aspekt dient als Vergleichsbasis? ■ Welche weiteren, aus dem Unterricht bekannten Texte stehen zur Verfügung? ■ Was sind die Gemeinsamkeiten, was die Unterschiede?

G8 MUSTERPRÜFUNG POETISCHER TEXT (3)

Aufgabentyp	Erschließung eines poetischen Textes
Material	Carl Sternheim: *Die Hose* (1911) **Denkbares Vergleichswerk:** Heinrich Mann: *Der Untertan* (1918)
Textsorte	Drama: Bürgerliches Lustspiel; epische Texte: Roman
Thema	Ehrbegriff; Gesellschaft; Geschlechterverhältnis; Kleinbürgertum; 20. Jahrhundert

Erschließung eines poetischen Textes

Aufgabe a

Erschließen und interpretieren Sie den folgenden Dramenbeginn! Arbeiten Sie dabei insbesondere die Konfliktstrategien der Figuren heraus!

Aufgabe b

Zeigen Sie ausgehend von Ihren Ergebnissen vergleichend auf, wie das Thema „gesellschaftliches Ansehen“ in einem anderen literarischen Werk gestaltet wird!

Vorbemerkung

Das bürgerliche Lustspiel *Die Hose,* das sich in vier Akte gliedert, spielt im Jahr 1900 ausschließlich in einer Wohnstube, in der der Beamte Theobald Maske und seine Frau Luise leben. Diese hat während einer Parade in der Kleinstadt unfreiwillig ihre Unterhose verloren. Nachdem die beiden nach Hause zurückgekehrt sind, setzt das Drama ein.

Carl Sternheim (1878 – 1942) *Die Hose* (1911)

ERSTER AUFTRITT

Theobald und Luise treten auf:

THEOBALD. Daß ich nicht närrisch werde!

LUISE. Tu den Stock fort!

THEOBALD *schlägt sie.* Geschändet im Maul der Nachbarn, des ganzen Viertels. Frau Maske verliert die Hose!

LUISE. Au! Ach!

THEOBALD. Auf offener Straße, vor den Augen des Königs sozusagen. Ich, ein einfacher Beamter!

LUISE *schreiend.* Genug.

THEOBALD. Ist nicht zu Haus Zeit Bänder zu binden, Knöpfe zu knöpfen? Unmaß, Traum, Phantasien im Leib, nach außen Liederlichkeit und Verwahrlosung.

LUISE. Ich hatte eine feste Doppelschleife gebunden.

THEOBALD *lacht auf.* Eine feste Doppelschleife. Herrgott, hör das niederträchtige Geschnatter. Eine feste – da hast du eine feste Doppelohrfeige. Die Folgen! Ich wage nicht, zu denken. Entehrt, aus Brot und Dienst gejagt.

LUISE. Beruhige dich.

THEOBALD. – Rasend ...

LUISE. Du bist unschuldig.

THEOBALD. Schuldig, ein solches Weib zu haben, solchen Schlampen, Trulle[1], Sternguckerin.
Außer sich.
Wo ist die Welt?
Er packt sie beim Kopf und schlägt ihn auf den Tisch.
Unten, im Kochtopf, auf dem mit Staub bedeckten Boden deiner Stube, nicht im Himmel, hörst du? Ist dieser Stuhl blank? Nein – Dreck! Hat diese Tasse einen Henkel? Wohin ich fasse, klafft Welt. Loch an Loch in solcher Existenz. Schauerlich!
Mensch, bedenke doch! Ein gütiges Schicksal gab mir ein Amt, das siebenhundert Taler einbringt.
Schreit.
Siebenhundert Taler! Dafür können wir ein paar Stuben halten[2], uns tüchtig nähren, Kleidung kaufen, im Winter heizen. Erschwingen eine Karte in die Komödie, Gesundheit spart uns Arzt und Apotheker – der Himmel lacht zu unserm Dasein.
Da trittst du auf mit deiner Art und zerstörst unser Leben, das gesegnet wäre. Warum noch nicht geheizt, warum die Tür auf, jene zu? Warum nicht umgekehrt? Warum läuft die Uhr nicht?
Er zieht sie auf.

Warum laufen Töpfe und Kannen? Wo ist mein Hut, wo blieb ein wichtiges Papier, und wie kann deine Hose auf offener Straße fallen, wie konnte sie?

LUISE. Du weißt, kanntest mich als junges Mädchen.

THEOBALD. Nun?

LUISE. Und mochtest gern, ich träumte.

THEOBALD. Für ein junges Mädchen gibt es nichts Besseres dem Unmaß freier Zeit gegenüber. Es ist sein Los, weil es an Wirklichkeit nicht herandarf. Du aber hast sie, und damit ist der Traum vorbei.

LUISE. Ja!

THEOBALD. Luise, sieh meine tiefe Bewegung.

LUISE. Ich will dir glauben, lieber Mann.

THEOBALD. Auf offener Straße!

LUISE. Bleibt unbegreiflich.

THEOBALD. Lachende Grimassen, Gassenbuben, Laffen[3]. Daß ich nicht närrisch werde!

LUISE. Fängst du wieder an.

THEOBALD. Das Herz stand mir still. Jedem Aufsehen abhold, wie du weißt. Erlaube ich dir ein Kleid, einen Hut nach der Mode? Warum mußt du dich so unvorteilhaft herausputzen? Weil dein niedliches Gesicht viel zu pochend für meine bescheidene Stellung ist, dein Busen, deine Augen zu herausfordernd. Könnte ich dir doch begreiflich machen, jedes Ärgernis der Welt stammt aus dem Nichtzusammengehen zweier ein Ding bildenden Faktoren.

LUISE. Hör auf; ich ertrage es nicht länger.

THEOBALD *laut.* Zweier ein Ding bildenden Faktoren! Mein Amt, dein Aussehen gehen nicht zusammen.

LUISE. Ich kann nicht dafür, Gott schuf mich so.

THEOBALD. Gott ist nicht schuld. Eine schamlose Erziehung, die die Haare wellt und rollt, eine an sich harmlose Brust durch den Schnürleib[4] hinausdrängt. Die Pest über kupplerische Mütter!

LUISE. Mutter war eine ehrenwerte Frau.

THEOBALD. Verlöre ich mein Amt!

LUISE. Warum?

THEOBALD. Die königliche Majestät soll nicht weit gewesen sein. Jesus!

LUISE. Theobald!

THEOBALD. Ein Zucken seiner Braue, ich sinke in den Staub, aus dem ich mich nicht erheben könnte. Not, Schande, Hunger, das Ende eines Lebens voll Mühsal.

LUISE. Du marterst mich.

THEOBALD *das Haupt in die Hände.* Oh, oh - - oh!

LUISE *nach einer Pause.* Ist dir ein Hammelschlegel und grüne Bohnen recht?

THEOBALD. Auf offener Straße! Welches Glück, daß kein Kind drohende Folgen mitzuerwarten hat.

LUISE. Ich dachte an eine Himbeerschüssel.

THEOBALD. Die Majestät!

LUISE. Vater schreibt, er schickt neuen Wein.

THEOBALD. Wieviel Flaschen?

LUISE. Eine Mandel[5].

THEOBALD. Haben wir noch?

LUISE. Fünf Flaschen.

THEOBALD. Hm. Hammelschlegel. Und gut gesalzen. Frau, Dämonen sind aus unserer Seele wirkend. Knechten wir sie nicht mit unseres Willens ganzer Gewalt - man sieht nicht ab, wie weit sie es bringen. Himbeeren mit Sahne. Wo willst du die Sahne so schnell herbekommen?

LUISE. Die Deuter[6] läßt mir ab.

THEOBALD. Glaubst du? - Putzsucht! ja, ja - -

Er setzt sich in einen Lehnstuhl ans Fenster und nimmt die Zeitung.

LUISE *am Herd beschäftigt.*

THEOBALD. Da - auch die Seeschlange soll in den indischen Meeren wieder aufgetaucht sein!

LUISE. Grundgütiger, kann man das glauben!

THEOBALD. Der Kurier meldet es.

LUISE. Z. Z.

THEOBALD. Gottlob sind die dortigen Gegenden wenig oder gar nicht belebt.

LUISE. Wovon ernährt sich solch ein Tier?

THEOBALD. Ja - die Gelehrten streiten. Es muß einen furchtbaren Anblick bieten. Da bin ich lieber in gesicherten Bezirken, meinem Städtchen. Man soll sich sehr auf das Seine beschränken, es festhalten und darüber wachen. Was habe ich mit dieser Schlange gemein? Regt sie nicht höchstens meine Phantasie auf? Wozu das alles?

Erhebt sich.

Hat man seine Stübchen. Da ist einem alles bekannt, nacheinander hinzugekommen, lieb und wert geworden. Muß man fürchten, unsere Uhr speit Feuer, der Vogel stürzt sich aus dem Käfig gierig auf den Hund? Nein. Es schlägt sechs, wenn es wie seit dreitausend Jahren sechs ist. Das nenne ich Ordnung. Das liebt man, ist man selbst.

[...]

(Orthographie und Interpunktion entsprechend der Gesamtausgabe von 1963)

1 Trulle: (Schimpfwort für) Mädchen, Dirne
2 halten: finanzieren, sich leisten
3 Laffe: oberflächlicher oder unreifer, eitler junger Mann
4 Schnürleib: Mieder zum Schnüren
5 Mandel: altes Zählmaß, hier wohl eine kleine Mandel, also 15 Flaschen
6 Die Deuter: die Nachbarin des Ehepaars Maske

LÖSUNGSVORSCHLAG POETISCHER TEXT (3)

Lösungsvorschlag
Erschließung eines poetischen Textes

Aufgabe a

Erschließen und interpretieren Sie [...] Arbeiten Sie [...] die Konfliktstrategie der Figuren heraus!

> **HINWEIS** Sternheims *Die Hose* wird nur sehr selten im Unterricht besprochen. Seien Sie davon nicht irritiert. Im Zentrum der Aufgabe steht eine sorgsame Analyse der vorliegenden Szene. Eine Kenntnis des gesamten Inhalts ist nicht notwendig.

Lösungsschritte

1	Den Dramenbeginn aus Carl Sternheims *Die Hose* aufmerksam lesen
2	Die Aufgabenstellung in allen Teilen sorgfältig lesen; hierbei Kernbegriffe unterstreichen bzw. markieren
3	Den Dramenbeginn abermals lesen; im ersten Durchgang formale und inhaltliche Auffälligkeiten und Besonderheiten markieren
4	Den Dramenbeginn erneut lesen; im zweiten Durchgang den Inhalt erfassen und in eigenen Worten paraphrasieren
5	Den Dramenbeginn ein weiteres Mal lesen; im dritten Durchgang Konfliktursache und Konfliktstrategien beider Figuren analysieren
6	Eine Gliederung gemäß dem vorliegenden Arbeitsauftrag erstellen
7	Die Analyse und Interpretation ausformulieren; anschließend erneut lesen, überprüfen und überarbeiten

Stichpunktlösung

Zur Rezeptionsgeschichte

- Carl Sternheims *Die Hose,* ein bürgerliches Lustspiel, sorgte bei seiner Uraufführung 1911 für einen Skandal, was zu einem Verbot des Stückes führte

Zur Vorgeschichte

- Die beiden Protagonisten Theobald Maske und seine Gattin Luise wohnen in ihrer kleinen Heimatstadt einer Parade bei. Dabei verliert Luise unfreiwillig ihre Unterhose. Nachdem die beiden nach Hause zurückgekehrt sind, setzt der erste von vier Akten ein.

Inhalt und Aufbau

Die Szene lässt sich inhaltlich in drei Teile gliedern

- 1. Teil: Beginn der Auseinandersetzung und Empörung Theobalds (Z. 1 - 36)
  - Theobald ist außer sich vor Zorn, empfindet Wut über die öffentliche Blamage, schreckt auch vor körperlicher Züchtigung der Gattin nicht zurück (Z. 3 ff.)
  - In Theobalds Augen hat Luise den Vorfall selbst verschuldet; er wirft ihr mangelnde Sorgfalt vor und hört nicht auf ihre Beteuerungen, alles sei nur ein unglücklicher Zufall gewesen (Z. 9 ff.)
  - In bunten Farben und mit drastischen Worten malt Theobald mögliche Konsequenzen für seine berufliche Stellung und den Lebensstandard des Ehepaares aus (Z. 13 - 31)
  - Luise reagiert auf die Raserei ihres Mannes mit flehentlichen Appellen, bittet ihn, die körperliche Züchtigung zu beenden, und beteuert ihre Unschuld (Z. 2 - 15)
- 2. Teil: Thematische Ausweitung der Auseinandersetzung und Suche nach allgemeinen Erklärungen für Luises angebliches gesellschaftliches Versagen (Z. 37 - 70)
  - Theobald ist enttäuscht von seiner Gattin und fordert von ihr ein ihrer Rolle als Ehefrau angemessenes Verhalten (Z. 40 ff., Z. 56 f.)
  - Luise wird von Theobald darüber belehrt, dass ihre aufreizende Aufmachung nicht vereinbar sei mit seiner beruflichen Position; er vermutet darüber hinaus Defizite bzw. Fehler bei der Erziehung Luises (Z. 51 ff., Z. 59 ff.)
  - Weil die „königliche Majestät“ bei der Parade zugegen gewesen sein soll, befürchtet Theobald, sein Amt zu verlieren (Z. 63 - 65)
  - Luise versucht, sich zu rechtfertigen durch den Verweis auf ihre Natur, gesteht aber auch ihre Schuld mit ein (Z. 39, Z. 58); mehrfach unternimmt sie den Versuch, den Vorwürfen entgegenzutreten und ihrem Mann Einhalt zu gebieten

- 3. Teil: Entspannung des Konflikts – allmähliche Beruhigung Theobalds durch Themenwechsel vonseiten Luises (Z. 71 – 102)
  - Plötzlich unterbreitet Luise Theobald einen Menüvorschlag für das Mittagessen (Z. 71, 74)
  - Theobald lässt sich von Luises Menüvorschlag ablenken; kommentiert seine Zeitungslektüre und reagiert auf Luises Nachfragen; äußert seine Zufriedenheit mit seiner überschaubaren persönlichen Lebenssituation (Z. 77 – 102)

Dramaturgische Gestaltung

- Schauplatz ist eine Stadt in der Provinz; die gesamte Handlung spielt in der Wohnstube der Familie; diese Konstellation deutet auf ein kleinbürgerliches Milieu hin und auf dessen räumliche sowie geistige Beschränktheit
- Theobald wird charakterisiert als ein Mann mit einem patriarchalischen Rollenverständnis, der schnell körperliche Gewalt anwendet; seine Unbeherrschtheit ist ein Grund für die angespannte Situation zwischen ihm und seiner Gattin
- Die Handlung von Sternheims *Die Hose* setzt unvermittelt ein; ähnlich wie in der Exposition des Klassischen Dramas werden die Zuschauer wirkungsvoll mit Grundstimmung, Ausgangssituation, Zeit, Ort und Personen des Stücks bekannt gemacht
- Theobalds Redeanteile überwiegen stark; dies ist Ausdruck der Empörung Theobalds und des Schuldbewusstseins Luises, verdeutlicht aber auch die Machtverhältnisse in der Ehe der beiden Hauptfiguren
- Der Familienname „Maske“ ist ein sprechender Name; er betont die Fassadenhaftigkeit der kleinbürgerlichen Existenz von Theobald und Luise; die Maske verbirgt das eigentliche Ich der beiden Bürger vor der Gesellschaft
- Ziel Sternheims ist es, die Moral Theobalds als doppelbödig zu entlarven; dies geschieht u. a. durch die Darstellung des brutalen Handelns des Spießbürgers innerhalb seiner eigenen vier Wände; das Kleinbürgertum und seine engstirnigen Moralvorstellungen werden karikiert

Sprachlich-stilistische Gestaltung

Theobalds übertriebenes Pathos

- Theobalds Sprache ist geprägt von einem unangemessen pathetischen, von Phrasen geprägten Ton, der durchsetzt ist mit teilweise derben Ausdrücken („Schlampen, Trulle“, Z. 18); obwohl Sternheim dem Begriff Satire widersprochen hat, handelt es sich hier um eine satirische Entlarvung der Hohlheit des kleinbürgerlichen Geltungsanspruchs und seiner Phrasen
- Wie bereits angesprochen, ist Theobalds Rede in der ersten Hälfte des Dialogs stark emotionalisiert; dafür stehen eine verknappte Syntax und Ellipsen („Rasend …“, Z. 16), Interjektionen und Ausrufe („Schauerlich!“, Z. 24)

- Um seine Vorwürfe noch zu steigern, stellt Theobald Luise rhetorische Fragen („Ist dieser Stuhl blank?“, Z. 23), was das Überlegenheitsgefühl des männlichen Protagonisten verdeutlicht
- Darüber hinaus finden sich in Theobalds Erwiderungen rhetorische Mittel wie Asyndeton, Trikolon (Z. 9 f.), Klimax, Anapher, Antithese, Hyperbel, figura etymologica („Bänder zu binden, Knöpfe zu knöpfen“, Z. 9), Wortspiel; durch eine gesteigerte Bildlichkeit verstärken sich die Angriffe auf Luise
- Dem Leser resp. Betrachter fällt dagegen die komisch wirkende Diskrepanz zwischen dem harmlosen Vorfall und Theobalds exaltierter Reaktion ins Auge

Luises beruhigende Erwiderungen

- In Kontrast zu Theobalds übertriebener Diktion stehen Luises knappe und nüchterne Entgegnungen in Form von einfachen Aussagesätzen, z. T. auch elliptisch gestaltet, die zu Luises Strategie der Deeskalation passen
- Interjektionen und Ausrufe Luises sind Ausdruck von Angst und Schmerz, auch ausgelöst durch die körperliche Misshandlung

Konfliktstrategien

- Zur Bewältigung des Zwistes bedienen sich Luise und Theobald unterschiedlicher Konfliktstrategien, wobei sich Theobalds aggressive und Luises defensive Haltung gegenseitig bedingen

„Aggressor“ Theobald

- Körperliche Bedrohung und Gewaltanwendung sind zunächst Theobalds Konfliktstrategie (Z. 1 – 21)
- In verbalen Attacken und Einschüchterungen stellt Theobald die Unzulänglichkeiten und Schwächen Luises heraus und weist gleichzeitig auf seine eigene Reputation, seine Errungenschaften als Beamter hin („Ein gütiges Schicksal gab mir ein Amt, das siebenhundert Taler einbringt“, Z. 25 f.; „Mein Amt, dein Aussehen gehen nicht zusammen“, Z. 56 f.), demonstriert seine „Überlegenheit“ durch scheinbar rationales Argumentieren („jedes Ärgernis der Welt stammt aus dem Nichtzusammengehen zweier ein Ding bildenden Faktoren“, Z. 53 f.)
- Theobald verfolgt das Ziel, die Schuldgefühle Luises zu vertiefen; er malt eine düstere Zukunftsperspektive aus („Not, Schande, Hunger, das Ende eines Lebens voll Mühsal“, Z. 68)
- Erst nachdem er seinem schlimmsten Ärger Luft gemacht hat, zeigt sich Theobald empfänglich für die lukullischen „Verführungen“ Luises

„Schlichterin“ Luise

- Luise unternimmt nur punktuell Versuche, sich zu rechtfertigen und Theobalds Vorwürfe zu entkräften, im Wesentlichen besteht ihre Strategie im Abwiegeln des Konflikts

- Ihr Drängen zielt auf eine Beendigung der von ihr wohl als unangemessen eingeschätzten Angriffe („Hör auf; ich ertrage es nicht länger“, Z. 55)
- Beruhigung Theobalds durch Ablenkungsstrategie und Eingehen auf Sensationsmeldung aus der Zeitung

Interpretation

- Sternheims *Die Hose* zeigt typische Elemente der Komödie: banaler Anlass des Konflikts zwischen Theobald und Luise, völlig überzogene Reaktion Theobalds auf ein im Grunde heiteres Geschehen
- Luise und Theobald werden von Sternheim gezeichnet als typische Vertreter des wilhelminischen Kleinbürgertums mit begrenztem Horizont; der Autor karikiert besonders mit der Figur Theobalds das angepasste Spießbürgertum und dessen selbstzufriedene Beschränkung auf die Idylle des eigenen Heims
- In der Figur Theobalds offenbart sich Sternheims Kritik an der Untertanenmentalität des Kaiserreichs und den patriarchalischen Strukturen dieser Zeit
- Sternheim überzeichnet die männlichen Dominanz in der Ehe und kritisiert somit die traditionelle Rollenverteilung zwischen Mann und Frau um die Jahrhundertwende sowie die Vorstellung von der Ehe als Versorgungsgemeinschaft, in der Liebe, Gemeinsamkeit und Zuneigung kaum eine Rolle spielen
- Zentral ist der Begriff der Ehre; für Theobald wird Ehre ausschließlich durch gesellschaftliches Ansehen, also allein von außen, definiert und steht über allen anderen Werten
- Die Wende in der Szene kann nur als parodistische Kontrastierung verstanden werden; eben sorgt sich Theobald noch um seine Existenz und befürchtet ihre Vernichtung, schon lässt er sich ablenken durch triviale Genüsse
- Sternheim lässt die Karikatur einer kleinbürgerlichen Welt entstehen, für die Ordnung, Sauberkeit und Disziplin wesentlich sind
- Scheinmoral, geistige Enge und nur vordergründige Bildung prägen diese Welt und pervertieren die Idee von einem freien, humanistischen und gebildeten Bürgertum

Aufgabe b

Zeigen Sie ausgehend von Ihren Ergebnissen vergleichend auf ...

> **HINWEIS** Die Aufgabe verlangt, dass Sie sich auf die im Unterricht behandelte Lektüre besinnen. Beziehen Sie sich nur auf Texte, die im Unterricht ausführlich besprochen wurden.

Lösungsschritte

1	Die Aufgabenstellung in allen Teilen sorgfältig lesen; hierbei Kernbegriffe unterstreichen bzw. markieren
2	Die im Unterricht besprochenen Lektüren auflisten und dabei auch lyrische und kleinere epische Texte miteinbeziehen
3	Prüfen, bei welchem der aufgelisteten Werke das Thema „gesellschaftliches Ansehen" eine zentrale Rolle spielt, wo gesellschaftliche Verhältnisse karikiert werden bzw. an sozialen Umständen Kritik geübt wird
4	Nachdem die Wahl des Vergleichstextes getroffen wurde, Gemeinsamkeiten und Unterschiede stichwortartig und evtl. in Tabellenform notieren
5	Den Text ausformulieren; dabei die Entscheidung für den Vergleichstext einleitend begründen
6	Die Ausführungen abermals lesen, kontrollieren und überarbeiten

Stichpunktlösung

Begründung der Entscheidung für den Vergleichstext *Der Untertan*

- In zahlreichen Werken der deutschen Literatur spielt das Thema „gesellschaftliches Ansehen" eine Rolle; Heinrich Manns 1918 erschienener Roman *Der Untertan* ist jedoch das Werk, in dem die wilhelminische Gesellschaft und die Doppelbödigkeit bürgerlicher Moral besonders eindrucksvoll dargestellt werden

Vergleich der Werke von Heinrich Mann und Carl Sternheim

- Dominanz des Themas „gesellschaftliches Ansehen": Der Protagonist des Romans *Der Untertan* Diederich Heßling ist besessen von sozialem Aufstieg und gesellschaftlichem Ansehen; wie Sternheims Theobald ist er stets besorgt um sein persönliches Ansehen und fürchtet die Verachtung seines Umfelds
- Furcht vor gesellschaftlichem Abstieg: Wie Theobald fürchtet sich auch Diederich Heßling vor den Folgen eines Verhaltens, das als nicht gesellschaftskonform gilt; seine größte Angst ist die vor dem sozialen Abstieg
- „Ehre" als bestimmende Norm: Für Theobald wie auch für Diederich Heßling ist ein von außen bestimmter Ehrbegriff die entscheidende Größe; sogar zum Duell ist Heßling bereit, um seinen „guten Ruf" zu verteidigen
- Autorität und Gewaltbereitschaft: Theobald Maske wird als gewaltbereit und brutal gegenüber seiner Ehefrau charakterisiert. Auch Diederich Heßling ist autoritär gegenüber Schwächeren; sein Verhalten wird jedoch häufig auch von Ängstlichkeit und Feigheit bestimmt. Wichtig für ihn ist der Schein, nicht das Sein: ein typischer Spießbürger, der „nach oben buckelt und nach unten tritt".

- Gesellschaft und Geschlechterverhältnis: Auch im Verhältnis zu den Frauen spiegelt sich das Verlangen nach Anerkennung; es geht nicht um Liebe, sondern um gesellschaftliches Ansehen. Diederich Heßling verstößt seine ehemalige Geliebte Agnes mit der Begründung, sie sei nicht mehr „unberührt". Tatsächlich hat er aber finanzielle Erwartungen an die eheliche Verbindung, die von Agnes' Familie nicht erfüllt werden können.

TIPP Die Thematik „gesellschaftliches Ansehen" spielt in vielen Werken der deutschsprachigen Literatur eine Rolle. Die Aufgabe verlangt, dass ein thematisch verwandter literarischer Text gesucht wird. Es soll vergleichend aufgezeigt werden, wie das Thema beispielsweise im Hinblick auf Handlung und bestimmte Figuren gestaltet wird. Parallelen und Unterschiede zum vorliegenden Textausschnitt sind entsprechend zu erläutern.
Zur Vorbereitung dieser Aufgabenform empfiehlt es sich, zu den im Unterricht besprochenen Werken eine Liste themenverwandter Texte zu erstellen. Denkbare Vergleichswerke sind neben *Der Untertan* beispielsweise auch Fontanes *Effi Briest* oder Goethes *Faust I*.
Es wird nicht erwartet, dass Sie aus den Vergleichswerken wörtlich zitieren. Nichtsdestoweniger sollten Sie Ihre Ausführungen durch möglichst konkrete Textbezüge belegen.

Schnell-Check Poetischer Text

Auf-gabe	Aufgabentyp			Trainingstipps
a	**Erschließen** ■ Analysieren ■ Interpretieren			■ Die sprachlichen Merkmale eines literarischen Textes wiederholen (Stil, rhetorische Mittel, Auffälligkeiten in Ausdruck, Wortwahl, Satzbau usw.) ■ Welche Konflikte bestehen zwischen den Protagonisten? Wie lösen sich diese Konflikte? ■ Welcher Eindruck wird beim Leser hinterlassen? ■ Welche Aussagen trifft der Autor mit seinem Text?
b	**Vergleichen**			■ Welche weiteren, im Unterricht besprochenen Texte eignen sich für einen Vergleich? ■ Was sind die Gemeinsamkeiten, was die Unterschiede? ■ Wie lassen sich die Verbindungen und Gegensätze anschaulich herausarbeiten? ■ Ergänzend dazu einen Text aus einer anderen Epoche zum Vergleich heranziehen ■ Gibt es epochenspezifische Unterschiede?

G8 MUSTERPRÜFUNG POETISCHER TEXT (4)

Aufgabentyp	Erschließung eines poetischen Textes
Material	Gottfried Keller: *Die mißbrauchten Liebesbriefe* (1873/74)
Textsorte	Epische Texte: Novelle
Thema	Kunst und Literatur; poetischer Realismus

Erschließung eines poetischen Textes

Aufgabe a

Erschließen und interpretieren Sie den folgenden Textausschnitt! Berücksichtigen Sie dabei besonders das ‚künstlerische Selbstverständnis' der Hauptfigur!

Aufgabe b

Vergleichen Sie ausgehend von Ihren Ergebnissen das Literaturverständnis des poetischen Realismus mit der Auffassung des Protagonisten!

Vorbemerkung

Viktor Störteler, genannt Viggi, lebt als Kaufmann in der Kleinstadt Seldwyla und ist durch seine Heirat mit Gritli zu einem beachtlichen Vermögen gekommen. Während seiner Lehrzeit in einer größeren Stadt hat er seine Liebe zur Literatur entdeckt und veröffentlicht unter dem Pseudonym „Kurt vom Walde" mehrere Novellen. Als er auf einer Geschäftsreise in einem Gasthaus einige Gleichgesinnte trifft, beschließt man, die zeitgenössische Literatur durch eine neue „Sturm- und Drangperiode" zu revolutionieren.

Gottfried Keller (1819 – 1890) *Die mißbrauchten Liebesbriefe* (1873/74)

[...] So kehrte er ganz aufgebläht von Aussichten und Entwürfen in seine Heimat zurück. Er ließ die Haare lang wachsen, strich sie hinter die Ohren, setzte eine Brille von lauterem Fensterglas auf und trug ein kleines Spitzbärtchen, um sein Äußeres dem bedeutenden Inhalte entsprechen zu lassen, den er durch seine neuen Bekanntschaften mit einem Schlage gewonnen. Seiner Sendung gemäß, die er übernommen, begann er sich mehr unter seinen Mitbürgern umzutun und suchte Anhänger. Wo er wußte, daß Einer ein Histörchen in den Kalender geschickt oder einige spöttische Knittelverse verfaßt hatte, die einzige Literatur, so in Seldwyla betrieben wurde, da strebte er ein Mitglied für die Sturm- und Drangperiode zu erwerben. Allein sobald die wackeren Leute seine Absichten merkten und seine wunderlichen Aufforderungen verstanden, machten sie ihn zum Gegenstande ihres Gelächters und neuer Knittelverse, welche zu seinem Verdruß in den Wirtschaften verlesen wurden. Als er vollends an einem Bürgermahle den Stadtschreiber verblümt fragte, was er von „Kurt vom Walde" für eine Meinung hege, und jener erwiderte: „Kurt vom Walde? was ist das für ein Kalb?" da hatte er für einmal genug und spann sich wieder in seine Häuslichkeit ein.

Dort betrachtete er sein Weib, und da er sah, wie anmutig Gritli in ihrem Häubchen am Spinnrädchen saß, mit rosigem Munde, mit stillbewegtem Busen und mit zierlichem Fuße, da ging ihm ein Licht auf; er beschloß, sie zu erhöhen und zu seiner Muse zu machen. Von Stund an hieß er sie das mit beinernen Ringen und Glöckchen kunstreich gezierte Spinnrad zur Seite stellen und das grüne Band vom seidigen Flachse wickeln[1]. Dafür gab er ihr eine alte Anthropologie in die Hand und befahl ihr, darin zu lesen, während er in seinem Comptoir[2] arbeite, damit die große Angelegenheit in der Zeit nicht brach liege. Hierauf ging er an seine Geschäfte, sehr zufrieden mit seinem Einfall. Als er aber zum Essen kam und begierig war auf die erste geistige Rücksprache mit seiner Muse, da schüttelte sie den Kopf und wußte nichts zu sagen. „Ich muß zartere Saiten aufziehen für den Anfang!" dachte er und gab ihr nach Tisch einen Band „Frühlingsbriefe von einer Einsamen", darin sollte sie lesen bis zum Abend. Dann ging er in sein Magazin, einen Haufen Farbhölzer wegführen zu lassen, dann in den Wald, um einer Steigerung von Eichenrinde beizuwohnen. Dort machte er einen guten Handel und, vergnügt darüber, noch einen Spaziergang, aber nicht ohne abermaligen Nutzen. Er steckte das geschäftliche Notizbuch bei Seite und zog ein kleineres hervor mit einem Stahlschlößchen.

Damit stellte er sich vor den ersten besten Baum, besah ihn genau und schrieb: „Ein Buchenstamm. Hellgrau mit noch helleren Flecken und Querstreifen. Zweierlei Moos bekleidet ihn, ein fast schwärzliches und dann ein samtähnliches glänzend grünes. Außerdem gelbliche, rötliche und weiße Flechten, welche öfter in einander spielen. Eine Efeuranke steigt an der einen Seite hinauf. Die Beleuchtung ist ein ander Mal zu studieren, da der Baum im Schatten steht. Vielleicht in Räuberszenen anzuwenden."

Dann blieb er vor einem eingerammelten Pflock stehen, auf welchen irgend ein Kind eine tote Blindschleiche gehängt hatte. Er schrieb: „Interessantes Detail. Kleiner Stab in Erde gesteckt.

Leiche von silbergrauer Schlange darum gewunden, gebrochen im Starrkrampf des Todes. Ameisen kommen aus dem hohlen Innern hervor oder gehen hinein, Leben in die tragische Szene bringend. Die Schlagschatten von einigen schwanken Gräsern, deren Spitzen mit rötlichen Ähren versehen sind, spielen über das Ganze. Ist Merkur[3] tot und hat seinen Stab mit toten Schlangen hier stecken lassen? Letztere Anspielung mehr für Handelsnovelle tauglich. NB. Der Stab oder Pflock ist alt und verwittert, von der gleichen Farbe wie die Schlange; wo ihn die Sonne bescheint, ist er wie mit silbergrauen Härchen besetzt. (Die letztere Beobachtung dürfte neu sein.)“

Auch vor einem Karrengeleise stellte er sich auf und schrieb: „Motiv für Dorfgeschichte: Wagenfurche halb mit Wasser gefüllt, in welchem kleine Wassertierchen schwimmen. Hohlweg. Erde feucht, dunkelbraun. Auch die Fußstapfen sind mit Wasser gefüllt, welches rötlich, eisenhaltig. Großer Stein im Wege, zum Teil mit frischen Beschädigungen, wie von Wagenrädern. Hieran ließe sich Exposition knüpfen von umgeworfenen Wagen, Streit und Gewalttat.“

Weiter gehend, stieß er auf eine arme Landdirne, hielt sie an, gab ihr einige Münzen und bat sie, fünf Minuten still zu stehen, worauf er, sie vom Kopf zu Füßen beschauend, niederschrieb: „Derbe Gestalt, barfuß, bis über die Knöchel voll Straßenstaub; blaugestreifter Kittel, schwarzes Mieder, Rest von National tracht, Kopf in rotes Tuch gehüllt, weiß gewürfelt –“ allein urplötzlich rannte die Dirne davon und warf die Beine auf, als ob ihr der böse Feind im Nacken säße. Viktor, ihr begierig nachsehend, schrieb eifrig: „Köstlich! dämonisch-populäre[4] Gestalt, elementarisches Wesen.“ Erst in weiter Entfernung stand sie still und schaute zurück; da sie ihn immer noch schreiben sah, kehrte sie ihm den Rücken zu und klopfte sich mit der flachen Hand mehrere Male hinter die Hüften, worauf sie im Walde verschwand.

So kehrte er heimwärts, beladen wie eine Biene mit seiner Ausbeute. „Nun, liebes Mus'chen!“ rief er seine Frau an, „hast Du Dein Buch gelesen? Mir ist es sehr gut gegangen, ich bringe treffliche Studien nach Hause, über deren Benutzung wir heute noch plaudern wollen!“ Allein sie wußte abermals nichts zu sagen, weil sie den ganzen Nachmittag im Garten gesessen und mit großer Behaglichkeit grüne Erbsen ausgehülst hatte. Diesmal schüttelte er seinerseits den Kopf und dachte: Seltsam! Vielleicht ist es besser, gleich mit der Praxis zu beginnen und sich auf den weiblichen Scharfsinn zu verlassen! Demgemäß las er ihr beim Nachtessen seine heutigen Notizen vor, entwickelte ein Gespräch über den Nutzen solcher Beobachtungen, und indem er ihr riet, sich ebenfalls dergleichen Wahrnehmungen aufzuzeichnen und ihm das Gesammelte mitzuteilen, forderte er sie auf, ihre Meinung über alles dies zu sagen. „Ich verstehe dies alles nicht!“ war ihre ganze Antwort. Sich zur Geduld zwingend, sagte er: „So wollen wir gleich ein Ganzes vornehmen, welches Dir vielleicht klarer sein wird und worin Du vielleicht die Verflechtung solcher Teile, so kunstreich sie auch ist, wahrnehmen magst!“

Also nahm er seine neueste Handschrift hervor und begann sie vorzulesen, oft unterbrochen durch die Störungen, welche die allerorts durchstrichene und verbesserte Schreiberei veranlaßte, sowie durch das Hin- und Herrücken der Brille, welche ihn blendete. Dennoch gewahrte er erst nach einem halben Stündchen, daß seine Gattin eingeschlummert war.

Da klingelte er mit dem Messer gegen den metallenen Leuchter und sagte, als sich Gritli zusammenraffte, ernst und mißfällig: „Das kann so nicht gehen, liebe Frau! Du siehst, wie ich mir alle Mühe gebe, Dich zu mir heranzubilden, und Du kommst mir dennoch nicht entgegen! Du weißt, daß ich die dornenvolle Laufbahn eines Dichters betreten habe, daß ich des Verständnisses, der begeisternden Anregung, des liebevollen Mitempfindens eines weiblichen Wesens, einer gleichgestimmten Gattin bedarf, und Du lässest mich im Stich, Du schläfst ein!" „Ei, mein lieber Mann!" erwiderte Frau Gritli, indem sie über diese Reden errötete, „mich dünkt, ein rechter Dichter soll seine Kunst verstehen ohne eine solche Einbläserin!"

„Gut!" rief Viggi „verhöhne mich nur noch, statt mich zu erheben und aufzurichten! Gut! Ich werde in Gottes Namen meinen Weg allein wandeln!"

Und er legte sich kummervoll schmollend zu Bett und sein Weib legte sich neben ihn in Sorgen, daß es um seinen Verstand übel stehen möchte. Er schmollte nun mehrere Tage und wandelte seinen Weg allein; doch hielt er das nicht aus, sondern beschloß, nunmehr mit männlicher Strenge seinen Willen durchzusetzen und die Gattin zu dem zu zwingen, wofür sie ihm einst danken würde. [...]

1 das grüne Band vom seidigen Flachse wickeln: die Spinnarbeit einstellen
2 Comptoir: Handelsbüro
3 Merkur: antiker Gott des Handels, zu seinen Attributen gehört ein Stab mit Schlangen
4 populär: hier volkstümlich

LÖSUNGSVORSCHLAG POETISCHER TEXT (4)

Lösungsvorschlag
Erschließung eines poetischen Textes

Aufgabe a

Erschließen und interpretieren Sie [...]! Berücksichtigen Sie dabei besonders das ‚künstlerische Selbstverständnis' der Hauptfigur!

> **HINWEIS** Vielleicht wurden im Deutschunterricht bei der Abhandlung des poetischen Realismus Gottfried Kellers *Die Leute von Seldwyla* erwähnt oder Sie haben den Novellenzyklus sogar besprochen. Die Novelle *Die mißbrauchten Liebesbriefe* wird sehr viel seltener im Unterricht behandelt als z. B. *Romeo und Julia auf dem Dorfe.* Doch lassen Sie sich davon nicht beirren. Im Zentrum dieser Teilaufgabe steht eine genaue Analyse der vorliegenden Episode; berücksichtigen Sie dabei die im Arbeitsauftrag genannten Schwerpunkte.

Lösungsschritte

1	Den Textausschnitt aus Gottfried Kellers *Die mißbrauchten Liebesbriefe* aufmerksam lesen
2	Die Aufgabenstellung in allen Teilen sorgfältig lesen; dabei die Kernbegriffe unterstreichen bzw. markieren
3	Den Textausschnitt abermals lesen. Erster Durchgang: Formale, erzählerische und stilistische Besonderheiten markieren.
4	Den Textausschnitt erneut lesen. Zweiter Durchgang (inhaltliche Erschließung): Den Inhalt erfassen und stichwortartig notieren.
5	Den Textausschnitt abermals lesen. Dritter Durchgang: Das künstlerische Selbstverständnis von Viktor Störteler analysieren.
6	Eine Gliederung gemäß dem Arbeitsauftrag erstellen; dabei besonders das künstlerische Selbstverständnis der Hauptfigur berücksichtigen
7	Die Analyse und Interpretation ausformulieren; anschließend Geschriebenes erneut lesen, überprüfen und überarbeiten

Stichpunktlösung

Inhalt und Aufbau

1. Vergebliche Versuche Viggis, in der Öffentlichkeit für das Literaturprojekt „Sturm- und Drangperiode“ zu werben (Z. 1 - 14)
   - Viktor Störteler, genannt Viggi, kehrt in seine Heimat, das Städtchen Seldwyla, zurück. Er verändert seine Erscheinung (z. B. Frisur), um sich äußerlich zu einem Poeten zu stilisieren.
   - Sogleich macht er sich daran, literarisch laienhaft tätige Seldwyler für sein Vorhaben „Sturm- und Drangperiode“ (Z. 8) zu gewinnen
   - Zu seinem Bedauern bleibt sein Bemühen vergeblich und er erntet Spott und Ablehnung als Reaktion
   - Ernüchtert zieht sich Viggi ins Private zurück
2. Erste Versuche, Gritli für die eigenen literarischen Bemühen zu funktionalisieren (Z. 15 - 25)
   - Einer spontanen Eingebung folgend versucht Viggi, seine Frau Gritli zu seiner Inspirationsquelle zu machen („er beschloß, sie zu erhöhen und zu seiner Muse zu machen“, Z. 17)
   - Viggi fordert seine Gattin auf, sich statt der Hausarbeit der Lektüre eines Buches zu widmen, während er sich um die Geschäfte kümmert
   - Ernüchtert stellt Viggi das Unvermögen seiner Frau fest, seine intellektuellen Erwartungen zu erfüllen. Daher beauftragt er Gritli, einen weniger anspruchsvollen literarischen Text zu lesen.
3. Stereotype literarische Studien nach getaner Arbeit (Z. 25 - 61)
   - Viggi tätigt erfolgreich einen kaufmännischen Handel
   - Anschließend begibt er sich auf einen Spaziergang, bei dem er Impressionen sammelt und überlegt, wie sich diese literarisch verwerten lassen („Vielleicht in Räuberszenen anzuwenden“, Z. 35; „Motiv für Dorfgeschichte“, Z. 46)
   - Viggi setzt seinen Spaziergang fort, betrachtet einen mit Flechten bewachsenen Baumstamm und einen Pfahl mit einer toten Blindschleiche, den er mythologisch zu deuten versucht; seine Beobachtungen hält er in einem Notizbuch fest
   - Danach trifft er auf Wagen- und Fußspuren mit Pfützen, die er als mögliches Motiv für eine Dorfgeschichte schriftlich festhält, und auf eine Landdirne, die ihm angesichts ihrer Urtümlichkeit zu begeisterten Notizen Anlass gibt („dämonisch-populäre Gestalt“, Z. 56). Die Frau reagiert jedoch nur mit einer abfälligen Geste.

4. Fehlschlagen weiterer Versuche, Gritli zu erziehen (Z. 60 - 84)
   - Nach seiner Heimkehr zeigt sich Viggi zufrieden über seine literarischen Beobachtungen und freut sich auf eine Diskussion mit seiner Frau
   - Er ist verwundert über Gritlis mangelnde Lektürefortschritte, da er das Volumen ihrer Hausarbeit nicht kennt
   - Viggi liest Gritli seine Aufzeichnungen als Anregung für eigene literarische Produktion und zur Entwicklung ihrer Urteilsfähigkeit vor, jedoch scheitert sein Bemühen an ihrer offen zugegebenen Ahnungslosigkeit
   - Stockend liest Viggi im Anschluss aus seinem neuen Werk vor. Als Gritli dabei einschläft, reagiert Viggi empört und wirft ihr mangelnde Unterstützung vor („Du lässest mich im Stich, Du schläfst ein!", Z. 82).
   - Zu ihrer Verteidigung äußert Gritli offenen, grundlegenden Zweifel an Viggis Poetentum, an seiner literarischen Begabung, die nicht groß sein könne, wenn er zu seiner Inspiration einer Muse bedürfe
5. Vorübergehende Trotzreaktion Viggis und Entschluss zu mehr erzieherischer Härte (Z. 85 - 91)
   - Beleidigt kündigt Viggi an, seinen künstlerischen Weg künftig allein zu gehen, woraufhin Gritli sich um seine geistige Gesundheit sorgt
   - Schmollend zieht sich Viggi zurück, sieht seinen Plan in Gefahr und beschließt, die Erziehungsversuche an seiner Frau künftig mit mehr Disziplin zu verfolgen

Erzählerische und sprachliche Gestaltung

- Gottfried Keller verwendet einen außenstehenden Erzähler sowie eine auktoriale Erzählsituation, die gelegentlich leichte Züge von personalem Erzählen aufweist. So taucht der Leser mitunter in die Welt und die Sichtweise Viggis ein und nimmt die Welt durch seine Augen wahr (z. B. Z. 53 - 57). Der Erzähler kommentiert das Geschehen nur sehr zurückhaltend: Obwohl er sich mitunter der Hauptfigur annähert, bewahrt er doch Distanz zu ihr und zum Geschehen.
- Die Erzählhaltung im Textausschnitt bewegt sich zwischen Ironie und Humor. Wohlwollend wirft der Erzähler einen ironischen Blick auf die dilettantischen literarischen Ambitionen der Hauptfigur („So kehrte er heimwärts, beladen wie eine Biene mit seiner Ausbeute", Z. 60).
- Dementsprechend verlangsamt sich das Erzähltempo, indem der Erzähler Viggis Notizen wörtlich wiedergibt und seinen literarischen Dilettantismus in den Passagen der Naturbeschreibung offenbart. Auch die Zuspitzung des häuslichen Konflikts zwischen Viggi und Gritli wird minutiös dargelegt und so szenisch vergegenwärtigt.
- Die dargestellte Welt ist aufgespalten in zwei Räume des literarischen Handelns: Der häusliche Bereich Viggis und Gritlis ist zum idyllischen Rückzugsraum stilisiert und gleichzeitig zur künstlerischen Wirkungsstätte Viggis. Die Idylle ist ein essenzi-

eller Teil des künstlerischen Konzepts Viggis, was wiederum seinen Ambitionen als „Stürmer und Dränger“ widerspricht.

- Keller kontrastiert seine eigene Wortkunst mit den literarischen Versuchen seiner Figur Viktor Störteler: Komplexe Hypotaxen („Wo er wußte, dass Einer ein Histörchen in den Kalender geschickt [...], die einzige Literatur, so in Seldwyla betrieben wurde, da strebte er ein Mitglied für die Sturm- und Drangperiode zu erwerben“, Z. 6 - 8) und Satzreihen („Dort betrachtete er sein Weib, und da sah er, wie anmutig Gritli in ihrem Häubchen am Spinnrädchen saß [...], da ging ihm ein Licht auf“, Z. 15 - 17) stehen der skizzenhaften, elliptischen Satzstruktur von Viggis Notizen gegenüber („‚Ein Buchenstamm. Hellgrau mit noch helleren Flecken und Quersteifen [...]‘“, Z. 30). Keller beherrscht souverän die Kunst, die Wirklichkeit darzustellen, während Viggi nur fragmentarische Details zur weiteren Bearbeitung sammelt.
- Viggi müht sich redlich ab und bemüht sich intensiv, seinen eigenen Ansprüchen zu genügen, seine Ausführungen bleiben jedoch beschränkt auf leeres, künstliches Pathos. Zwar demonstriert er Bildung und Wissen um Mythologie und Fachbegriffe („Ist Merkur tot und hat seinen Stab mit toten Schlangen hier stecken lassen?“, Z. 41 f.), aber seiner Wahrnehmung fehlt literarische Qualität, seine Ausführungen wirken komisch manieriert.
- In Zusammenhang mit der von Viggi erschaffenen Idylle finden sich auffallend viele Diminutive („Häubchen“, Z. 15; „Spinnrädchen“, Z. 16 f.; „Mus'chen“, Z. 60). Auch hier zeigt sich der ironische Blick des Erzählers auf seine literarische Figur.

Künstlerisches Selbstverständnis der Hauptfigur

- Die äußere Stilisierung Viggis ist Ausdruck seiner literarischen Ambitionen, den Bildungsauftrag des Künstlers nimmt er bereitwillig an („Seiner Sendung gemäß, die er übernommen, begann er sich mehr unter seinen Mitbürgern umzutun und suchte Anhänger“, Z. 4 - 6). Er versteht den Weg eines Künstlers, dem er folgen will, als entbehrungsreich („dornenvolle Laufbahn eines Dichters“, Z. 80).
- Viggi ist jenseits seiner künstlerischen Ambitionen ein Mensch, der von kaufmännischen Erwägungen (Kosten-Nutzen-Relation) getrieben ist. Er geht kein Risiko ein, sondern schafft durch den Handel mit Holz (Z. 26 - 29) eine solide Grundlage seiner künstlerischen Tätigkeit.
- Ohne Talent richtet sich Viggi an literarischen Stereotypen aus, obwohl er gleichzeitig das Geniekonzept betont und auf Eingebungen hofft. Trotz seiner Abhängigkeit von gezielter Inspiration durch andere entwickelt er ein wirres Gefühl der Überlegenheit („[er] beschloß, nunmehr mit männlicher Strenge seinen Willen durchzusetzen und die Gattin zu dem zu zwingen, wofür sie ihm einst danken würde“, Z. 89 - 91).

- Viggi ist kein Genie, er ist Kellers Karikatur eines Dilettanten, der gefangen ist in kleinbürgerlichen und engstirnigen Vorstellungen

Interpretation

- Kellers Novelle zeigt, wie eine zu ausgeprägte Ich-Bezogenheit und ein übersteigertes Sendungsbewusstsein eine reflektierte Realitäts- und Selbstwahrnehmung verhindern
- Darüber hinaus stellt Keller die Unvereinbarkeit von wahrem Künstlertum mit utilitaristischem Denken und Handeln dar. Viggi geht nicht auf in der Kunst; er hat stets auch genau sein wirtschaftliches Auskommen im Auge und freut sich über erfolgreiche Geschäfte. So wirkt seine Form des Künstlertums - im Wortsinn - aufgesetzt.
- Keller sagt sich los von Epigonentum und einem gründlichen Missverstehen des Geniegedankens und führt diesen mit einem ironischen Blick ad absurdum. Besonders deutlich wird dies in Viggis Bestreben, eine neue „Sturm- und Drangperiode“ zu initiieren, an deren Spitze er sich setzen möchte. Er bemüht sich um die Wiederauflage des Hergebrachten und glaubt fest daran, dass sich eine literarische Bewegung per Vorsatz ins Leben rufen lässt, selbst wenn sie der Beschaulichkeit der eigenen Lebenssituation noch so entgegengesetzt ist.
- Insgesamt ironisiert und karikiert Keller den künstlerischen Dilettantismus in der literarischen Figur Viggi

Aufgabe b

Vergleichen Sie [...] das Literaturverständnis des poetischen Realismus mit der Auffassung des Protagonisten!

> **HINWEIS** Bei dieser Aufgabenstellung müssen Sie sich die im Unterricht besprochene Theorie des poetischen Realismus in Erinnerung rufen. Beziehen Sie sich nur auf Inhalte, die Sie im Unterricht im Zusammenhang mit diesem Thema behandelt haben! Ein Brainstorming ist eine gute Methode, um die Inhalte zu erfassen.
> Es ist sinnvoll, die Beantwortung der Fragestellung mit einer Definition des Begriffs „poetischer Realismus“ zu beginnen. Setzen Sie im Anschluss daran Ihre Ergebnisse aus der Teilaufgabe a in Bezug zu der Definition.

Lösungsschritte

1	Die Aufgabenstellung in allen Teilen sorgfältig lesen; als Hilfestellung die Kernbegriffe des Arbeitsauftrags markieren
2	Die im Unterricht besprochenen Inhalte des poetischen Realismus und seines Literaturverständnisses auflisten
3	Prüfen, inwiefern das Literaturverständnis des poetischen Realismus der Kunstauffassung des Protagonisten Viktor Störteler entspricht bzw. ihr widerspricht
4	Gemeinsamkeiten und Unterschiede stichwortartig und evtl. in Tabellenform notieren
5	Einen Vergleich ausformulieren. Die Ausführungen abermals lesen und überarbeiten.

Stichpunktlösung

Literaturverständnis des poetischen Realismus

- Der poetische Realismus beschränkt sich nicht auf eine reine Nachahmung der Natur, sondern zeichnet sich durch eine künstlerische Überformung der Realität („Verklärung") aus. Die realistischen Strömungen setzen sich so deutlich von anderen literarischen Bewegungen ab, z. B. von der durch starken Subjektivismus geprägten Romantik und der durch ebenso verabsolutierten Objektivismus gekennzeichneten naturalistischen Kunstauffassung. Als wichtigste Vertreter des poetischen Realismus gelten Theodor Fontane, Theodor Storm, Conrad Ferdinand Meyer und Gottfried Keller.

Vergleich mit dem Literaturverständnis von Viktor Störteler

- Die von Keller erschaffene literarische Figur Viktor Störteler verstößt in zweifacher Weise gegen diese Kunstauffassung: zum einen, indem er sich bei seinen literarischen Studien auf die reine Wiedergabe von Details (z. B. Beschreibung des Baumstamms, Z. 30 - 35) beschränkt, zum anderen, indem er dann aus diesen oberflächlichen Beobachtungen mit falschem Pathos („Räuberszenen", Z. 35) überhöhte Werke konstruieren will, die sich nicht organisch entwickeln. Viggi bleibt Epigone, erschafft nichts Neues und bleibt in seiner kleinen Welt und seinem begrenzten, dilettantischen Wissen und Können gefangen.
- Bei Theodor Fontane heißt es: „[Der Realismus] ist die Widerspiegelung alles wirklichen Lebens, aller wahren Kräfte und Interessen im Elemente der Kunst. [...] Der Realismus will nicht die bloße Sinnenwelt und nichts als diese, er will am allerwenigsten das bloß Handgreifliche, aber er will das Wahre. Er schließt nichts aus als die Lüge, das Forcierte, das Nebelhafte, das Abgestorbene - vier Dinge, mit denen wir glauben, eine ganze Literaturepoche bezeichnet zu haben" (Theodor

Fontane, *Unsere lyrische und epische Poesie seit 1848;* dieser poetologische Text wird im Unterricht häufig zur Begriffsbestimmung des Realismus verwendet). Der poetische Realismus fordert also eine produktive Synthese von exakter Erfassung der Realität, künstlerischer Gestaltung und „Verklärung“ der Wirklichkeit. Dies gelingt Viggi nicht, das von ihm angestrebte Künstlertum wirkt aufgesetzt und unglaubwürdig.

- Entfernt erinnert Kellers Karikatur eines biederen Bürgerkünstlers an die Kritik Friedrich Hebbels am Werk Adalbert Stifters. Hebbel kritisierte die Literatur des Biedermeier-Vertreters als „aufs Breite und Breiteste angelegte Beschreibungsnatur“ und versprach demjenigen, der Stifters *Der Nachsommer* wirklich vollständig gelesen habe, „die Krone von Polen“.

TIPP Zur Vorbereitung einer Aufgabenform wie dieser empfiehlt es sich, Kernbegriffe und zentrale Aussagen zu jeder literarischen Epoche, die im Unterricht besprochen wird, zu wiederholen. Diese Kernbegriffe und Aussagen sollten Sie auch auf unbekannte literarische Texte anwenden können.

Schnell-Check Poetischer Text

Aufgabe	Aufgabentyp			Trainingstipps

a	**Erschließen**
	■ Analysieren
	
	■ Interpretieren
	
	■ Unter Berücksichtigung des künstlerischen Selbstverständnisses
				■ Katalog erzählerischer und sprachlicher Mittel wiederholen, z. B. Erzählhaltung, Erzählperspektive usw.
				
				Anhand eines ausgewählten Textes:
				■ Die Charakteristik von literarischen Figuren analysieren: Wie werden die Charaktere gezeichnet?
				■ Inhaltliche Hauptaussagen herausarbeiten:
				  ■ Welches Selbstverständnis besitzen die literarischen Figuren?
				  ■ Welcher Eindruck wird beim Leser hinterlassen?
				  ■ Welche Kernaussagen enthält der Text?

b	**Vergleichen**			■ Welcher Aspekt dient als Vergleichsbasis? ■ Merkmale des poetischen Realismus wiederholen und Definition notieren ■ Unterschiede des poetischen Realismus zu anderen literarischen Epochen erkennen ■ Einen Text auf die Merkmale einer literarischen Epoche hin untersuchen. Was sind die Gemeinsamkeiten, was die Unterschiede?

G8 MUSTERPRÜFUNG POETISCHER TEXT (5)

Aufgabentyp	Erschließung eines poetischen Textes
Material	Daniel Kehlmann: *Die Vermessung der Welt* (2005) **Denkbares Vergleichswerk:** Johann Wolfgang von Goethe: *Faust I* (1808)
Textsorte	Epische Texte: Roman; Drama
Thema	Erkenntnisdrang; Extremsituation; zeitgenössisch; Klassik

Erschließung eines poetischen Textes

Aufgabe a

Erschließen und interpretieren Sie den folgenden Textausschnitt! Berücksichtigen Sie dabei besonders, wie sich die Extremsituation auf das Verhalten der Figuren auswirkt!

Aufgabe b

Zeigen Sie ausgehend von Ihren Ergebnissen vergleichend auf, wie der Drang nach Erkenntnis in einem anderen literarischen Werk gestaltet wird!

Vorbemerkung

Zu Beginn des 19. Jahrhunderts versuchen der Naturforscher Alexander von Humboldt und sein Begleiter, der Botaniker Aimé Bonpland, im Zuge einer Südamerikaexpedition als erste Menschen den höchsten Berg Ecuadors zu besteigen. Diese Unternehmung erscheint den beiden Pionieren so wagnisreich, dass sie vor dem Aufstieg Abschiedsbriefe verfassen. Nachdem eine gefährliche Schneebrücke sie bereits über eine erste Schlucht geführt hat, hindert die Forscher nun eine weitere Schlucht daran, ihren Weg fortzusetzen. Überdies haben sie während des Aufstiegs zunehmend mit der Höhenkrankheit zu kämpfen, zu deren Symptomen unter anderem Halluzinationen gehören.

Daniel Kehlmann (geb. 1975) *Die Vermessung der Welt* (2005)

[...]

Humboldt blieb abrupt stehen.

Was denn, rief Bonpland wütend.

Humboldt fragte, ob er das auch sehe.

Na aber sicher doch, sagte Bonpland, ohne zu wissen, wovon die Rede war.

Er müsse das fragen, sagte Humboldt. Er könne seinen Sinnen nicht trauen. Zudem mische der Hund[1] sich ständig ein.

Den Hund, sagte Bonpland, habe er nie leiden können.

Diese Schlucht hier, sagte Humboldt, sei doch eine Schlucht, oder?

Bonpland sah hinab. Vor ihren Füßen fiel ein Spalt wohl vierhundert Fuß[2] in die Tiefe. Drüben ging es weiter, und von dort schien der Gipfel nicht mehr weit.

Da kämen sie nie hinüber!

Bonpland erschrak, weil nicht er, sondern der Mann rechts von ihm[3] das gesagt hatte. Damit es trotzdem seine Gültigkeit hatte, mußte er es wiederholen. Da kämen sie nie hinüber!

Niemals, bestätigte der Mann zu seiner Linken. Es sei denn, sie flögen.

Langsam, wie gegen einen Widerstand, ging Humboldt in die Knie und öffnete den Behälter mit dem Barometer. Seine Hände zitterten so stark, daß es fast heruntergefallen wäre. Blut lief nun auch ihm aus der Nase und tropfte auf seine Jacke. Jetzt keinen Fehler machen, sagte er beschwörend.

Sehr gern, antwortete Bonpland.

Irgendwie brachte es Humboldt fertig, ein Feuer anzuzünden und einen kleinen Topf mit Wasser zu erhitzen. Er könne sich nicht auf das Barometer verlassen, erklärte er, und auch nicht auf seinen Kopf, er müsse die Höhe nach dem Siedepunkt bestimmen. Seine Augen waren schmal, seine Lippen zitterten von der Anstrengung der Konzentration. Als das Wasser kochte, maß er die Temperatur und las die Uhr ab. Dann holte er den Schreibblock hervor. Er zerknüllte ein halbes Dutzend Blätter, bis seine Hand ihm soweit gehorchte, daß er Zahlen schreiben konnte.

Bonpland sah mißtrauisch in die Schlucht. Der Himmel hing tief unter ihnen und war aufgerauht. Man konnte sich einigermaßen daran gewöhnen, auf dem Kopf zu stehen. Nicht allerdings daran, daß Humboldt so langsam rechnete. Bonpland fragte, ob das heute noch etwas werde.

Verzeihung, sagte Humboldt. Ihm falle es schwer, sich zu sammeln. Ob bitte irgendwer den Hund an die Leine nehmen könne!

Den Hund, sagte Bonpland, habe er nie leiden können. Sofort schämte er sich, weil er das schon gesagt hatte. Es war ihm so peinlich, daß ihm schlecht wurde. Er beugte sich vornüber und übergab sich erneut.

Fertig, fragte Humboldt. Dann dürfe er ihm nämlich mitteilen, daß sie sich auf einer Höhe von achtzehntausendsechshundertneunzig Fuß[4] befänden.

Ja halleluja, sagte Bonpland.

Das mache sie zu den Menschen, die am weitesten nach oben vorgedrungen seien. Keiner habe sich je so weit von der Meereshöhe entfernt.

Aber der Gipfel?

Mit oder ohne Gipfel, es sei der Weltrekord.

Er wolle auf den Gipfel, sagte Bonpland.

Ob er denn nicht die Schlucht sehe, schrie Humboldt. Sie seien beide nicht mehr bei Sinnen. Wenn sie jetzt nicht abstiegen, kämen sie nie zurück.

Man könnte, sagte Bonpland, auch einfach behaupten, man wäre oben gewesen.

Humboldt sagte, er wolle das nicht gehört haben.

Er habe das auch nicht gesagt. Das sei der andere gewesen!

Überprüfen könne es ja keiner, sagte Humboldt nachdenklich.

Eben, sagte Bonpland.

Er habe das nicht gesagt, rief Humboldt.

Was gesagt, fragte Bonpland.

Sie sahen einander ratlos an.

Die Höhe sei notiert, sagte Humboldt dann. Die Gesteinsproben gesammelt. Jetzt schnell hinunter!

Der Abstieg dauerte lange. Sie mußten die Schlucht, über die sie vorhin die Schneebrücke gebracht hatte, in weitem Bogen umgehen. Doch die Sicht war jetzt klar, und Humboldt fand den Weg ohne Schwierigkeiten. Bonpland stolperte ihm nach. Seine Knie kamen ihm unverläßlich vor. Immer wieder war ihm, als ginge er in fließendem Wasser, und eine optische Brechung verschob seine Beine auf das lästigste. Auch verhielt der Stock in seiner Hand sich ungebührlich: Er schwang aus, stach in den Schnee, betastete Felsbrocken, ohne daß Bonpland etwas anderes tun konnte, als ihm zu folgen. Die Sonne stand bereits niedrig. Humboldt rutschte ein Schotterfeld hinab. Seine Hände und sein Gesicht waren aufgeschürft, sein Mantel zerrissen, doch das Barometer war ganz geblieben.

Der Schmerz habe auch sein Gutes, sagte er mit zusammengebissenen Zähnen. Für den Moment sehe er wieder klar. Der Hund sei verschwunden.

Den Hund, sagte Bonpland, habe er wirklich nie leiden können.

Sie müßten es heute noch schaffen, sagte Humboldt. Die Nacht werde kalt. Sie seien verwirrt. Sie würden nicht überleben. Er spuckte Blut. Um den Hund tue es ihm leid. Den habe er geliebt.

Da sie gerade aufrichtig seien, sagte Bonpland, und man morgen alles auf die Höhenkrankheit schieben könne, wolle er wissen, was Humboldt dort auf der Schneebrücke gedacht habe.

Er habe sich das Nichtdenken befohlen, sagte Humboldt. Also habe er nichts gedacht.

Wirklich gar nichts?

Nicht das geringste.

Bonpland blinzelte in Richtung der allmählich verblassenden Bienenwabe[5]. Zwei seiner Begleiter waren davongegangen. Einen mußte er noch loswerden. Vielleicht war das auch gar nicht nötig. Er hatte den Verdacht, daß er es selbst war.

Sie beide, sagte Humboldt, hätten den höchsten Berg der Welt bestiegen. Das werde bleiben, was auch immer in ihrem Leben noch geschehe.

Nicht ganz bestiegen, sagte Bonpland.

Unsinn!

Wer einen Berg besteige, erreiche die Spitze. Wer die Spitze nicht erreiche, habe den Berg nicht bestiegen.

Humboldt betrachtete schweigend seine blutenden Hände.

Dort auf der Brücke, sagte Bonpland, habe er auf einmal bedauert, als zweiter gehen zu müssen.

Das sei nur menschlich, sagte Humboldt.

Aber nicht bloß, weil der erste früher in Sicherheit sei. Ihm seien seltsame Vorstellungen gekommen. Wäre er der erste gewesen, etwas in ihm hätte gern der Brücke, sobald er hinüber gewesen wäre, einen Tritt versetzt. Der Wunsch sei stark gewesen.

Humboldt antwortete nicht. Er schien in eigene Gedanken versunken.

Bonplands Kopf tat weh, auch fühlte er wieder sein Fieber. Er war todmüde. Es würde lange dauern, bis er sich von diesem Tag erholt hätte. Wer weit reise, sagte er, erfahre viele Dinge. Ein paar davon über sich selbst.

Humboldt bat um Entschuldigung. Er habe leider nichts verstanden. Der Wind!

Bonpland schwieg ein paar Sekunden. Nichts Wichtiges, sagte er dankbar. Geschwätz, Gerede.

Na dann, sagte Humboldt mit unbewegtem Gesicht. Kein Grund zum Trödeln!

Zwei Stunden später stießen sie auf ihre wartenden Führer. Humboldt verlangte seinen Brief zurück und zerriß ihn sofort. In diesen Dingen dürfe man nicht nachlässig sein. Nichts sei peinlicher als ein Abschiedsschreiben, dessen Verfasser noch lebe.

Ihm sei es egal, sagte Bonpland und hielt sich den schmerzenden Kopf. Sie sollten den seinen behalten oder wegwerfen, sie könnten ihn auch abschicken.

In der Nacht schrieb Humboldt, zum Schutz gegen das Schneetreiben zusammengekauert unter einer Decke, zwei Dutzend Briefe, in denen er Europa die Mitteilung machte, daß von allen Sterblichen er am höchsten gelangt sei. Sorgfältig versiegelte er jeden einzelnen. Dann erst schwanden ihm die Sinne.

Aus: Daniel Kehlmann, Die Vermessung der Welt, © 2005 by Rowohlt Verlag GmbH, Reinbek bei Hamburg

1 der Hund: eine Halluzination Humboldts. Das Tier hatte die Expeditionsgruppe bei der vorangehenden Erkundung des Orinoko-Stroms begleitet, war dann jedoch im Urwald verschwunden.
2 vierhundert Fuß: ca. 122 Meter
3 der Mann rechts von ihm: Bonpland glaubt aufgrund der Höhenkrankheit aus drei Personen zu bestehen.
4 achtzehntausendsechshundertneunzig Fuß: ca. 5 700 Meter. Damit sind sie noch etwa 570 Höhenmeter vom Gipfel entfernt.
5 Bienenwabe: eine von Bonplands wiederkehrenden Halluzinationen während des Aufstiegs

LÖSUNGSVORSCHLAG POETISCHER TEXT (5)

Lösungsvorschlag
Erschließung eines poetischen Textes

Aufgabe a

Erschließen und interpretieren Sie [...]! Berücksichtigen Sie dabei besonders, wie sich die Extremsituation auf das Verhalten der Figuren auswirkt!

HINWEIS Wahrscheinlich haben Sie Daniel Kehlmanns *Die Vermessung der Welt* nicht im Unterricht behandelt, doch Sie müssen zur Lösung der Aufgabe den Roman nicht vorab gelesen haben. Im Zentrum der Aufgabenstellung steht eine sorgsame Analyse und Interpretation des vorliegenden Textausschnitts; berücksichtigen Sie dabei die im Arbeitsauftrag genannten Schwerpunkte.

Lösungsschritte

1	Den Textausschnitt aus Daniel Kehlmanns *Die Vermessung der Welt* aufmerksam lesen
2	Die Aufgabenstellung in allen Teilen sorgfältig lesen; dabei die Kernbegriffe unterstreichen bzw. markieren
3	Den Textausschnitt abermals lesen. Erster Durchgang: Formale, erzähltechnische und stilistische Besonderheiten markieren.
4	Den Textausschnitt erneut lesen. Zweiter Durchgang: Den Inhalt erfassen und stichwortartig notieren.
5	Den Textausschnitt ein weiteres Mal sorgfältig lesen. Dritter Durchgang: Einen interpretatorischen Ansatz entwickeln.
6	Eine Gliederung gemäß dem Arbeitsauftrag erstellen; dabei besonders die Auswirkungen der Extremsituation berücksichtigen
7	Die Analyse und Interpretation ausformulieren; anschließend Geschriebenes erneut lesen, überprüfen und überarbeiten

Stichpunktlösung

Inhalt und Aufbau

Zusammenfassung des Textausschnitts

- In der ausgewählten Szene versuchen Alexander von Humboldt und sein Begleiter Aimé Bonpland auf ihrer Südamerikaexpedition den höchsten Berg Ecuadors zu besteigen. Beide schreiben im Bewusstsein der Gefahr vor der Besteigung Abschiedsbriefe. Der gefährliche Weg führt die beiden Protagonisten an die Grenzen ihrer Möglichkeiten. Eine unüberwindbare Schlucht verhindert schließlich die Fortsetzung des Aufstiegs. Der vorliegende Textausschnitt teilt sich in zwei größere Sinnabschnitte:

1. Erkennen der Unerreichbarkeit des ursprünglichen Ziels und Auseinandersetzung der Protagonisten mit der neuen Situation (Z. 1 - 53)
   - Der weitere Aufstieg der beiden Forscher wird durch eine Schlucht verhindert („Vor ihren Füßen fiel ein Spalt wohl vierhundert Fuß in die Tiefe“, Z. 9). Humboldt traut seinen eigenen Sinneswahrnehmungen nicht mehr, ist irritiert über die Tatsache, dass er sich diese durch Bonpland bestätigen lassen muss, und kann halluzinatorische Erscheinungen und Wirklichkeit kaum mehr unterscheiden. Bonpland reagiert zunächst verärgert über den von Humboldt eingelegten Halt. Als er jedoch erkennt, dass die Schlucht in der Tat unüberwindlich ist, gibt auch er auf. Darüber hinaus zeigt er deutliche Anzeichen einer Persönlichkeitsspaltung, er weiß nicht einmal mehr, was er eben gesagt hat („Er habe das auch nicht gesagt. Das sei der andere gewesen“, Z. 46).
   - Humboldt führt eine Höhenmessung durch (Z.15 - 35): Trotz starker physischer Strapazen und erneuter Halluzinationen bemüht er sich um eine exakte Bestimmung der tatsächlich erreichten Höhe. Stolz teilt er Bonpland das Messergebnis mit, dieser ist jedoch stark beeinträchtigt durch die Folgen der Höhenkrankheit. Ungeduldig und desinteressiert wartet er Humboldts Berechnungen ab.
   - Zwischen Humboldt und Bonpland kommt Streit darüber auf, ob die Expedition fortgesetzt werden soll (Z. 37 - 51): Bonpland zeigt sich enttäuscht darüber, dass die Expedition gescheitert ist und der Gipfel nicht bezwungen wurde. Spontan macht er den Vorschlag, die Besteigung des Berges einfach vorzuspiegeln. Kurz erwägt Humboldt Bonplands Vorschlag, zeigt sich aber dann zufrieden mit der erreichten Rekordhöhe und beschließt den Abstieg.
2. Abbruch der Gipfelbesteigung und Bewertung des erreichten Ergebnisses (Z. 52 - 104)
   - Unter Zeitdruck beginnen sie den strapaziösen Abstieg (Z. 54 - 67): Trotz deutlicher Anzeichen körperlicher Erschöpfung geht Humboldt als Führer voran. Langsam lässt die geistige Verwirrung nach. Bei Bonpland halten die Gleichgewichts- und Sehstörungen an.

- Bonpland versucht eine Aussprache über die vorangegangenen Ereignisse (Z. 68 - 94): Unvermittelt gesteht er, dass ihn beim Überqueren einer Schneebrücke Mordgelüste überkamen. Humboldt reagiert darauf nicht, was Bonpland mit Erleichterung zur Kenntnis nimmt, und verweigert jegliche weitere Auseinandersetzung, da er sich auf den lebensgefährlichen Abstieg konzentrieren möchte.
- Humboldt und Bonpland legen nach der Ankunft im Lager ein höchst unterschiedliches Verhalten an den Tag (Z. 96 - 104): Während Bonpland infolge körperlicher und seelischer Erschöpfung gleichgültig und verwirrt erscheint, verlangt Humboldt unverzüglich seinen Abschiedsbrief zurück und zerreißt ihn. In der folgenden Nacht verfasst er Briefe an Adressaten in Europa und brüstet sich darin seiner persönlichen Leistung.

Erzählerische und sprachliche Gestaltung

- Kehlmann setzt einen außenstehenden Erzähler mit einer überwiegend neutralen Erzählhaltung ein. Der Textausschnitt ist als Erzählerbericht mit ausgedehnten dialogischen Passagen und knappen Einschüben mit äußerer Handlung gestaltet. Es wird aus einer scheinbaren Distanz zu den Figuren erzählt, bei einem gleichzeitigen Anschein von Objektivität.
- Es herrscht indirekte Rede vor („Er müsse das fragen, sagte Humboldt. Er könne seinen Sinnen nicht trauen. Zudem mische der Hund sich ständig ein“, Z. 5 f.). Dies unterstreicht die Distanz des Erzählers zu seinen Figuren. Er nimmt eine ironische Haltung zum dargestellten Geschehen ein.
- Bei der Figur Humboldt bedient sich Kehlmann durchgehend einer erzählerischen Außensicht. So bleiben dem Leser die Motive und Gedanken des Protagonisten rätselhaft und undurchsichtig. Er soll sich nicht mit Humboldt identifizieren können.
- Anders bei Bonpland: Bei dieser Figur gibt es zumindest teilweise eine Innenperspektive und eine personale Erzählsituation mit erlebter Rede („Man konnte sich einigermaßen daran gewöhnen, auf dem Kopf zu stehen. Nicht allerdings daran, daß Humboldt so langsam rechnete“, Z. 27 f.). Anders als bei der Figur Humboldt soll sich der Leser in Bonpland hineinversetzen können, besonders in seine psychische Verwirrung und seine mentale Labilität.
- Der Sprachstil ist durchweg nüchtern, mit kurzen, häufig parataktischen Sätzen („Zwei seiner Begleiter waren davongegangen. Einen mußte er noch loswerden. Vielleicht war das auch gar nicht nötig“, Z. 73 - 75). Auffällig ist auch die stereotype Wiederholung des Verbs „sagen“. Die Erzählhaltung ist insgesamt eine unpathetische Wiedergabe des Geschehens in einem eher lapidaren Berichtsstil. Der Text will ein unreflektiertes Konsumieren der Geschichte verhindern und stattdessen den Leser aktiv beteiligen, indem er ihm genug Raum für seine eigene Vorstellungskraft lässt.

- In den dialogischen Passagen finden sich knappe, zum Teil elliptische Repliken. Bestimmte Äußerungen kehren ähnlich einem Leitmotiv wieder („Da kämen sie nie hinüber!", Z. 11, Z. 13). Eine leitmotivische Funktion hat auch der imaginäre Hund.
- Die Protagonisten reden aneinander vorbei („Er habe das auch nicht gesagt. Das sei der andere gewesen! Überprüfen könne es ja keiner, sagte Humboldt nachdenklich. Eben, sagte Bonpland. Er habe das nicht gesagt, rief Humboldt. Was gesagt, fragte Bonpland. Sie sahen einander ratlos an", Z. 46 - 51). Sie können aufgrund der widrigen Kommunikationsbedingungen und ihrer Halluzinationen nicht kausal denken und sprechen. Für den Leser entbehrt dies nicht einer gewissen Komik, die vom Autor durchaus beabsichtigt ist.

Auswirkungen der Extremsituation auf das Verhalten der Figuren

- Humboldt und Bonpland sind durch den Aufstieg physisch und psychisch stark mitgenommen, bewältigen dies aber auf unterschiedliche Art und Weise
- Humboldt erscheint in diesem Textausschnitt als „die Stimme der Vernunft". Er erfasst die Gefahr rational, beurteilt sie richtig und rettet dadurch die Expedition sowie sein und Bonplands Leben. Trotz aller Beeinträchtigungen durch die Höhenkrankheit bleibt er ganz Forscher (Messen der Höhe, Z. 15 - 35), erfüllt seine hohen wissenschaftlichen Standards und bewertet den erreichten Erfolg („Sie beide, sagte Humboldt, hätten den höchsten Berg der Welt bestiegen. Das werde bleiben, was auch immer in ihrem Leben noch geschehe", Z. 76 f.), den er zusätzlich schönredet.
- Humboldt demonstriert Selbstbeherrschung, wahrt stets die Höflichkeitsformen und vermeidet einen offen ausgetragenen Konflikt mit Bonpland. Dank großer innerer Willensstärke gelingt es ihm, seine körperlichen Bedürfnisse zu kontrollieren und alle Emotionen zugunsten seiner Reputation als Wissenschaftler zu verdrängen.
- Die literarische Figur Bonpland stellt eine Gegenfigur zu Humboldt dar. Er verliert sein Urteilsvermögen und erkennt die lebensbedrohliche Lage nicht, als er darauf drängt, die Gipfelbesteigung fortzusetzen. Gleichzeitig ist aller wissenschaftliche Ehrgeiz erloschen - so zeigt Bonpland keinerlei Verständnis für Humboldts akribische Arbeitsweise bei der Bestimmung der Höhe. Er sieht nicht das Erreichte, sondern besteht darauf, dass die Gipfelbesteigung nicht gänzlich durchgeführt worden sei.
- Als literarisches Gegenbild zu Humboldt wirkt Bonpland wie ein Mann mit mangelnder Selbstkontrolle, der bereit ist, moralische Wertmaßstäbe zu verletzen. Am Ende des Textausschnitts wird das Bedürfnis Bonplands nach emotionaler Verarbeitung des Erlebten und sofortiger körperlicher Erholung offensichtlich. Dabei keimen bei ihm auch existenzielle Fragen auf (z. B. „Wer weit reise, sagte er, erfahre viele Dinge. Ein paar davon über sich selbst", Z. 91 f.).

- Schließlich wird angesichts der Extremsituation ein deutlicher Konflikt zwischen Bonpland und Humboldt sichtbar, der seinen Höhepunkt in der Entscheidung zur Rückkehr findet. Dies hebt noch einmal die Unterschiede zwischen den beiden Figuren hervor.

Interpretation

- Der Textausschnitt betont den Kontrast zwischen Bonpland und Humboldt, wobei Ersterer als „Schablone" dient, von der sich Humboldt als Ausnahmewissenschaftler abhebt
- Humboldt erscheint jedoch nicht als ungebrochene Figur. Kehlmann eröffnet seinem Leser einen ironischen Blick auf seinen Protagonisten, der von übertriebenem Ehrgeiz getrieben zu sein scheint – dies kommt einer Absage an das Forscherideal der Aufklärung und das klassische Menschenbild gleich. Der Wissenschaftler wird beherrscht von Prestigedenken und zeigt sich allzu gern bereit, Tatsachen und menschliche Defizite zu beschönigen.
- Insgesamt wird in dem Textausschnitt das (deutsche) Forschertum entmystifiziert, sowohl hinsichtlich der Forschenden als auch ihrer Ergebnisse. Die Forschungsergebnisse legendärer Forscher wie Alexander von Humboldt erscheinen in einem „realistischen", nüchternen Licht.
- Der Textausschnitt spielt bewusst mit der Lesererwartung: Eine bekannte historische Persönlichkeit wird dekonstruiert und dem Publikum aus einem neuen, ungewöhnlichen Blickwinkel vorgeführt.
- Dementsprechend konstruiert der Autor eine Distanz des Erzählers zum Erzählten. Er verzichtet auf jegliche Kommentierung und fordert dadurch den Leser zur kritischen und selbstständigen Auseinandersetzung und Bewertung auf.

Aufgabe b

Zeigen Sie [...] vergleichend auf, wie der Drang nach Erkenntnis in einem anderen literarischen Werk gestaltet wird!

HINWEIS Bei dieser Aufgabe müssen Sie sich im Unterricht behandelte Texte in Erinnerung rufen. Beziehen Sie sich nur auf literarische Werke, die Sie ausführlich besprochen haben, und listen Sie diese systematisch auf, bevor Sie sich für einen Vergleichstext entscheiden. Berücksichtigen Sie auch lyrische Texte und Dramen. Zahlreiche Texte der deutsch- und fremdsprachigen Literatur kommen dabei infrage. Beziehen Sie sich in Ihrer Lösung auf die Ergebnisse der Interpretation aus der Teilaufgabe a und bestimmen Sie den Begriff „Erkenntnis“ näher. Bedenken Sie dabei, dass Erkenntnis nicht nur in den Natur- und Geisteswissenschaften, sondern auch im metaphysischen Bereich eine Rolle spielen kann.

Lösungsschritte

1	Die Aufgabenstellung in allen Teilen sorgfältig lesen; als Hilfestellung die Kernbegriffe des Arbeitsauftrags markieren
2	Im Unterricht besprochene Lektüren auflisten; dabei auch lyrische und epische Texte berücksichtigen
3	Prüfen, welcher Protagonist eines anderen, Ihnen gut bekannten Werks vom Drang nach Erkenntnis bestimmt ist
4	Gemeinsamkeiten und Unterschiede stichwortartig und evtl. in Tabellenform notieren
5	Einen Vergleich ausformulieren; dabei die Entscheidung für den Vergleichstext begründen. Die Ausführungen abermals lesen und überarbeiten.

Stichpunktlösung

Einleitung

- Kaum ein Werk der deutschen Literatur ist so bekannt und wird so häufig im Deutschunterricht behandelt wie Goethes *Faust I.* Das Stück gliedert sich in die „Gelehrtentragödie“ und die „Gretchentragödie“. In der Gelehrtentragödie geht es um das Thema Erkenntnis. Der Protagonist Faust ist sein Leben lang bereits auf der Suche nach Erkenntnis in jeder Disziplin, bis er zu seinem berühmten Monolog ansetzt: „Habe nun, ach! Philosophie ...“

Der Drang nach Erkenntnis in Goethes *Faust I*

- Faust benennt die Motive für seinen Erkenntnisdrang: Er will ergründen, „was die Welt/Im Innersten zusammenhält“, dabei durchforstet er alle Gebiete der Wissenschaft, der Philosophie und der Theologie - nach seiner Auffassung vergeblich.
- Selbst die Metaphysik und die Magie dienen Faust als Mittel zum Erkenntnisgewinn. Dabei überschreitet er in der Gesellschaft gültige Normen und Werte, indem er beispielsweise den Erdgeist beschwört, dem er sich ebenbürtig fühlt.
- Scheinbaren Erfolg bei der Suche nach Erkenntnis verspricht schließlich Mephisto, der mit Faust einen Vertrag eingeht und dabei verspricht, ihm all seine Wünsche zu erfüllen
- Die Folgen für Faust und sein unmittelbares sowie weiteres Umfeld sind verheerend. Er verführt Gretchen und reißt das Mädchen ins Verderben.

Vergleich mit dem Textausschnitt aus Kehlmanns *Die Vermessung der Welt*

- Sowohl Faust wie auch Humboldt in dem Textausschnitt von Kehlmann führt ihr Streben nach Erkenntnis an die eigenen Grenzen. Als Forschende werden sie herausgefordert und gehen bereitwillig auf diese Herausforderungen ein, wenngleich sie hier auch ihr Scheitern erkennen und in Kauf nehmen müssen. Sie folgen einem inneren Drang, Faust seinem unendlichen Wissensdurst, Humboldt seiner Geltungssucht.

> **TIPP** Zur Vorbereitung einer Aufgabenform wie dieser empfiehlt es sich, eine Liste von Texten zu erstellen, die thematisch mit den im Unterricht gelesenen und besprochenen Werken verwandt sind. Informieren Sie sich über deren Inhalte. Themenstellungen wie diese kommen recht häufig bei der Abiturprüfung im Fach Deutsch vor.

Schnell-Check Poetischer Text

Auf-gabe	Aufgabentyp			Trainingstipps
a	**Erschließen** ■ Analysieren			■ Katalog erzählerischer und sprachlicher Mittel wiederholen, z. B. Erzählhaltung, Erzählperspektive usw.

	■ Interpretieren
	■ Im Hinblick auf Auswirkungen der Extremsituation
				Anhand eines Textes:
				■ Die Charakteristik der literarischen Figuren analysieren
				■ Inhaltliche Hauptaussagen herausarbeiten:
				  ■ Welches Selbstverständnis besitzen die literarischen Figuren?
				  ■ Auf welche Weise äußert sich der Einfluss der Extremsituation?
				  ■ Welcher Eindruck wird beim Leser hinterlassen?
				  ■ Welche Kernaussagen enthält der Text?

b	**Vergleichen**			■ Vergleichsaspekt herausarbeiten: Wie ist der Drang nach Erkenntnis im Bezugstext gestaltet? ■ Welche andere Unterrichtslektüre thematisiert den Drang nach Erkenntnis und eignet sich somit zum Vergleich? ■ Was sind die Gemeinsamkeiten, was die Unterschiede? ■ Wie lassen sich die Verbindungen und Gegensätze anschaulich herausarbeiten?

G8 MUSTERPRÜFUNG INFORMIERENDER TEXT (1)

Aufgabentyp	Materialgestütztes Verfassen eines informierenden Textes
Material	Johann Gottfried Herder: *Briefe zur Beförderung der Humanität, Zweite Sammlung, 25. Brief* (1792/93) Friedrich Schiller: *Über das Erhabene* (1801) **Denkbares Vergleichswerk:** Johann Wolfgang von Goethe: *Iphigenie auf Tauris* (1787)
Textsorte	Nicht fiktionale Texte: poetologischer Text; Drama
Thema	Welt- und Menschenbild der Klassik

Materialgestütztes Verfassen eines informierenden Textes

Aufgabe

Gemeinsam mit anderen Autoren arbeiten Sie an der Erstellung eines Schülerlexikons zur Literaturgeschichte mit. Verfassen Sie zu diesem Zweck einen informativen Text über das Menschenbild der Klassik! Beziehen Sie Ihre literaturgeschichtlichen Kenntnisse und ein Werk der Klassik in die Darstellung ein und verwenden Sie die Informationen aus den folgenden Materialien!

Die redaktionellen Vorgaben sind:

1. Der Umfang soll ca. 1000 Wörter umfassen.

2. Der Aufbau des informativen Textes ist zu beachten.

Material 1: Aufbau des informativen Textes

Das Menschenbild der Klassik

1. Vorinformierende Einleitung (ausgehend von einer Definition des Begriffs „Menschenbild der Klassik“)
2. Merkmale des Menschenbildes
3. Darstellung des Menschenbildes in der Dichtung
4. Bedeutung des Menschenbildes in der Gegenwart

Material 2: Johann Gottfried Herder *Briefe zur Beförderung der Humanität, Zweite Sammlung, 25. Brief* (1792/93)

Über den Charakter der Menschheit

1.

[...]

2.

Vollkommenheit eines *einzelnen* Menschen ist [...], daß er im Kontinuum seiner Existenz *er selbst* sei und werde, daß er die Kräfte brauche, die die Natur ihm als Stammgut gegeben hat, daß er damit für sich und andre wuchere.

3.

Erhaltung, Leben und Gesundheit ist der Grund dieser Kräfte; was diesen Grund schwächet oder wegnimmt, was Menschen hinopfert oder verstümmelt, es habe Namen, wie es wolle, ist unmenschlich.

4.

Mit dem Leben des Menschen fängt seine *Erziehung* an; denn Kräfte und Glieder bringt er zwar auf die Welt, aber den Gebrauch dieser Kräfte und Glieder, ihre Anwendung, ihre Entwicklung muß er lernen. Ein Zustand der Gesellschaft also, der die Erziehung vernachlässigt oder auf falsche Wege lenkt oder diese falschen Wege begünstigt oder endlich die Erziehung der Menschen schwer und unmöglich macht, ist insofern ein unmenschlicher Zustand. Er beraubt sich selbst seiner Glieder und des Besten, das an ihnen ist, des Gebrauchs ihrer Kräfte. Wozu hatten sich Menschen vereinigt, als daß sie dadurch vollkommenere, bessere, glücklichere Menschen würden?

[...]

21.

Wie es unter den Tieren *zerstörende* und *erhaltende Gattungen* gibt, so unter den Menschen. Nur unter jenen und diesen sind die zerstörenden Leidenschaften die *wenigern;* sie können und müssen von den erhaltenden Neigungen unsrer Natur eingeschränkt und bezwungen, zwar nicht ausgetilgt, aber unter eine Regel gebracht werden.

22.

Diese Regel ist *Vernunft,* bei Handlungen *Billigkeit und Güte.* Eine vernunftlose, blinde Macht ist zuletzt immer eine ohnmächtige Macht; entweder zerstört sie sich selbst oder muß am Ende dem Verstande dienen.

23.

Desgleichen ist der wahre Verstand immer auch mit *Billigkeit und Güte* verbunden; sie führet auf ihn, er führet auf sie. Verstand und Güte sind die beiden Pole, um deren Achse sich die Kugel der Humanität beweget.

24.

Wo sie einander entgegengesetzt scheinen, da ist's mit einer oder dem andern nicht richtig;

eben *diese Divergenz* aber macht *Fehler sichtbar* und bringt den Kalkül des Interesse unsres Geschlechts immer mehr zur Richtigkeit und Bestimmtheit. Jeder feinere Fehler gibt eine *neue, höhere Regel der reinen allumfassenden Güte und Wahrheit.*

25.

Alle Laster und Fehler unsres Geschlechts müssen also dem *Ganzen endlich zum Besten* gereichen. Alles Elend, das aus Vorurteilen, Trägheit und Unwissenheit entspringt, kann den Menschen seine Sphäre nur mehr kennen lehren; alle Ausschweifungen rechts und links stoßen ihn am Ende auf seinen Mittelpunkt zurück.

Text zitiert nach http://www.zeno.org, zuletzt aufgerufen am 28. 05. 2008, gedruckt in: Johann Gottfried Herder: Briefe zur Beförderung der Humanität, 2 Bände, Band 1, Berlin und Weimar 1971.

Material 3: Friedrich Schiller *Über das Erhabene* (Auszug) (1801)

„Kein Mensch muß müssen," sagt der Jude Nathan[1] zum Derwisch[2], und dieses Wort ist in einem weitern Umfange wahr, als man demselben vielleicht einräumen möchte. Der Wille ist der Geschlechtscharakter des Menschen, und die Vernunft selbst ist nur die ewige Regel desselben. Vernünftig handelt die ganze Natur; sein Prärogativ[3] ist bloß, daß er mit Bewußtsein und Willen vernünftig handelt. Alle andern Dinge müssen; der Mensch ist das Wesen, welches will. Eben deßwegen ist des Menschen nichts so unwürdig, als Gewalt zu erleiden, denn Gewalt hebt ihn auf. Wer sie uns anthut, macht uns nichts Geringeres als die Menschheit streitig; wer sie feiger Weise erleidet, wirft seine Menschheit hinweg. Aber dieser Anspruch auf absolute Befreiung von allem, was Gewalt ist, scheint ein Wesen vorauszusetzen, welches Macht genug besitzt, jede andere Macht von sich abzutreiben. Findet er sich in einem Wesen, welches im Reich der Kräfte nicht den obersten Rang behauptet, so entsteht daraus ein unglücklicher Widerspruch zwischen dem Trieb und dem Vermögen.

In diesem Falle befindet sich der Mensch. Umgeben von zahllosen Kräften, die alle ihm überlegen sind und den Meister über ihn spielen, macht er durch seine Natur Anspruch, von keiner Gewalt zu erleiden. Durch seinen Verstand zwar steigert er künstlicher Weise seine natürlichen Kräfte, und bis auf einen gewissen Punkt gelingt es ihm wirklich, physisch über alles Physische Herr zu werden. Gegen alles, sagt das Sprüchwort, gibt es Mittel, nur nicht gegen den Tod. Aber diese einzige Ausnahme, wenn sie das wirklich im strengsten Sinne ist, würde den ganzen Begriff des Menschen aufheben. Nimmermehr kann er das Wesen sein, welches will, wenn es auch nur einen Fall gibt, wo er schlechterdings muß, was er nicht will. Dieses einzige Schreckliche, *was er nur muß und nicht will,* wird wie ein Gespenst ihn begleiten und ihn, wie auch wirklich bei den mehresten Menschen der Fall ist, den blinden Schrecknissen der Phantasie zur Beute überliefern; seine gerühmte Freiheit ist absolut nichts, wenn er auch nur in einem einzigen Punkte gebunden ist. Die Kultur soll den Menschen in Freiheit setzen und ihm dazu behilflich sein, seinen ganzen Begriff zu erfüllen. Sie soll ihn also fähig machen, seinen Willen zu behaupten, denn der Mensch ist das Wesen, welches will.

Dies ist auf zweierlei Weise möglich. Entweder *realistisch,* wenn der Mensch der Gewalt Gewalt entgegensetzt, wenn er als Natur die Natur beherrschet; oder *idealistisch,* wenn er aus der Natur heraus tritt und so, in Rücksicht auf sich, den Begriff der Gewalt vernichtet. Was ihm zu dem ersten verhilft, heißt physische Kultur. Der Mensch bildet seinen Verstand und seine sinnlichen Kräfte aus, um die Naturkräfte, nach ihren eigenen Gesetzen, entweder zu Werkzeugen seines Willens zu machen, oder sich vor ihren Wirkungen, die er nicht lenken kann, in Sicherheit zu setzen. Aber die Kräfte der Natur lassen sich nur bis auf einen gewissen Punkt beherrschen oder abwehren; über diesen Punkt hinaus entziehen sie sich der Macht des Menschen und unterwerfen ihn der ihrigen.

Jetzt also wäre es um seine Freiheit gethan, wenn er keiner andern als physischen Kultur fähig wäre. Er soll aber ohne Ausnahme Mensch sein, also in keinem Fall etwas *gegen* seinen Willen erleiden. Kann er also den physischen Kräften keine verhältnißmäßige physische Kraft mehr entgegensetzen, so bleibt ihm, um keine Gewalt zu erleiden, nichts anders übrig, als: *ein Verhältniß,* welches ihm so nachtheilig ist, *ganz und gar aufzuheben* und eine Gewalt, die er der That nach erleiden muß, *dem Begriff nach zu vernichten.* Eine Gewalt dem Begriffe nach vernichten, heißt aber nichts anders, als sich derselben freiwillig unterwerfen. Die Kultur, die ihn dazu geschickt macht, heißt die moralische.

Der moralisch gebildete Mensch, und nur dieser, ist ganz frei.

http://gutenberg.spiegel.de/?id=5&xid=2405&kapitel=1#gb_found, [zuletzt aufgerufen am 01. 07. 2010], gedruckt in: Friedrich Schiller: Werke, Bd. IV. Frankfurt a. M.: Insel 1966 S. 119 - 120

1 Titelgestalt in Lessings Drama *Nathan der Weise* (1779)
2 Gestalt aus Lessings Drama
3 (lat.) Vorrecht

LÖSUNGSVORSCHLAG INFORMIERENDER TEXT (1)

Lösungsvorschlag
Materialgestütztes Verfassen eines informierenden Textes

Aufgabe

Gemeinsam mit anderen Autoren [...] Verfassen Sie [...] Beziehen Sie [...] ein und verwenden Sie ...

HINWEIS Eine solche Aufgabenstellung ist im bayerischen Abitur neu. Wichtig ist bei der Erfüllung der Aufgabe ein sachgerechtes und sachliches Schreiben, basierend auf einer sorgfältigen Erschließung der poetologischen Texte, die beigefügt sind.
Die Aufgabenstellung erfordert eine sorgfältige Nutzung der vorliegenden beiden poetologischen Texte von Herder und Schiller zur Gewinnung von Informationen und zur Einordnung in literaturgeschichtliche Zusammenhänge.
Vertiefte Kenntnisse der Klassik werden vorausgesetzt: Sowohl Hinweise auf epochenspezifische Merkmale als auch auf Hauptwerke der Klassik können, sofern relevant, in den Artikel einfließen.

Lösungsschritte

1	Den Arbeitsauftrag in all seinen Teilen sorgfältig lesen
2	Die Textauszüge aus *Briefe zur Beförderung der Humanität* von Johann Gottfried Herder und *Über das Erhabene* von Friedrich Schiller kursorisch lesen
3	Die Vorgaben zum Aufbau des informativen Textes in Material 1 aufmerksam lesen
4	Ein Exzerpt anlegen, gegliedert in die Bereiche: 1. Vorinformierende Einleitung und Definition 2. Merkmale des Menschenbildes 3. Darstellung des Menschenbildes in der Dichtung 4. Bedeutung des Menschenbildes in der Gegenwart
5	Den Textauszug aus *Briefe zur Beförderung der Humanität* von Johann Gottfried Herder sorgfältig lesen
6	Im Hinblick auf die Gliederungspunkte (Material 1) relevante Gesichtspunkte im Textauszug von Johann Gottfried Herder markieren und den Gliederungspunkten zuordnen
7	Den Textauszug aus *Über das Erhabene* von Friedrich Schiller sorgfältig lesen

8	Im Hinblick auf die Gliederungspunkte (Material 1) relevante Gesichtspunkte im Textauszug von Friedrich Schiller markieren und den Gliederungspunkten zuordnen
9	Einen Vorentwurf für den informierenden Text verfassen; dafür das Exzerpt auswerten
10	Den informierenden Text für ein Schülerlexikon zum Thema „Menschenbild der Klassik“ verfassen

Stichpunktlösung

Vorinformierende Einleitung und Definition

- Ethymologische Herkunft: Der Begriff „Klassik“ geht hervor aus dem lateinischen Wort „classicus“, das so viel wie „die ersten Bürgerklassen betreffend“, im übertragenen Sinne „erstklassig, mustergültig“, bedeutet
- Der Terminus „Klassik“ ist folglich nicht nur als Epochenbegriff relevant, sondern auch als Werteetikett
- In der europäischen oder internationalen Literatur sind zeitlich sehr unterschiedliche klassische Epochen zu erkennen. Jede europäische Nationalliteratur hat ihre eigene klassische Phase, eine Zeit, in der viele Werke von Rang erscheinen, die prägende Wirkung auf die Kultur des Landes haben und internationales Ansehen gewinnen.
- In Italien ist es die Ära der Renaissance (rinascimento) mit den Dichtern Dante und Tasso, welche die Zeitspanne von 1300 bis 1600 umfasst. In England ist es das sogenannte Elisabethanische Zeitalter (16. Jahrhundert) mit dem alles überragenden William Shakespeare. In Frankreich schließlich ist es das 17. Jahrhundert um das Dreigestirn Corneille, Racine und Molière.
- Literarhistorisch wird unter Klassik in der deutschen Literatur eine Epoche von 1786 bis 1805 verstanden. Noch etwas deutlicher ist der Begriff „Weimarer Klassik“, der die Zeit bezeichnet, in der Wieland, Goethe, Herder und Schiller in Weimar tätig waren. Die Epochengrenzen ergeben sich aus den Biografien der beiden wichtigsten Vertreter Johann Wolfgang von Goethe und Friedrich Schiller: 1786 reiste Goethe erstmals nach Italien, 1805 starb Friedrich Schiller.
- „Klassik“ ist darüber hinaus aber auch eine schlagwortartige Bezeichnung für eine Grundidee der deutschen Literatur, der ein bestimmtes Menschenbild zugrundegelegt ist, das die wichtigsten Vertreter gemeinsam entwickeln. Diesbezüglich setzt sich die Klassik ab von den literarischen Epochen der Aufklärung und des Sturm und Drangs sowie der Romantik.

Merkmale des Menschenbildes

- Die Weimarer Klassik greift die Forderung des Sturm und Drangs auf, wonach sich jeder zu einer harmonischen Individualität entfalten müsse, erkennt dabei aber auch die gesellschaftliche Ordnung an
- Die Vollkommenheit des Menschen sei in der Natur angelegt; als unmenschlich wird alles bezeichnet, was Menschen „hinopfert und verstümmelt" (Herder, Z. 9)
- Ebenso sei die Freiheit des Menschen, sein freier Wille, wesentlich (Schiller, Z. 2 f.). Jegliche Gewalt, die sich gegen den Menschen richte und seine Freiheit einschränke, sei des Menschen unwürdig: Ihn beseele der Wunsch, sich von der Gewalt zu befreien. Der Mensch ist nach Schiller das „Wesen, welches will" (Z. 26). In Freiheit könne der Mensch die Natur beherrschen (bis zu einem bestimmten Grad) und die Gewalt vernichten. Allein im Tod finde die Freiheit für den Menschen Grenzen.
- Die Weimarer Klassik greift aber auch das Postulat der Aufklärung auf, wonach sich jeder Mensch seines Verstandes bedienen muss bzw. dies erlernen muss. „Sapere aude!" („wage es, dich deines Verstandes zu bedienen") - diese Forderung von Immanuel Kant ist auch für die Klassiker von zentraler Bedeutung.
- Nach Herder bewegt sich der Mensch zwischen den Polen „Verstand und Güte" (Herder, Z. 32); der Verstand hilft laut Schiller, „über alles Physische Herr zu werden" (Schiller, Z. 16 f.)
- Die Gesellschaft habe das Ziel, „vollkommenere, bessere, glücklichere Menschen" (Herder, Z. 18) hervorzubringen. Nach Herder gereichen selbst Laster und Fehler auf lange Sicht zum Besten: Sie produzieren eine *„neue, höhere Regel der reinen allumfassenden Güte und Wahrheit"* (Herder, Z. 37 f.).
- Die Klassik versucht Individualität und gesellschaftliches Zusammenleben miteinander zu verbinden. Um dieses Ziel zu erreichen, darf der Mensch laut Schiller nicht unterdrückt werden und „in keinem Fall etwas *gegen* seinen Willen erleiden" (Schiller, Z. 37 f.), sondern muss selbst erkennen, wo die Grenzen des individuellen Verhaltens liegen.
- Nach den Vertretern der Weimarer Klassik steht der Erziehungsgedanke im Mittelpunkt. Demnach müsse der Mensch lernen. Von Geburt an sei er ein „Mängelwesen". Erst die Kultur „soll den Menschen in Freiheit setzen" und „ihn also fähig machen, seinen Willen zu behaupten" (Schiller, Z. 25 f.).
- Gemäß den klassischen Vorstellungen ist alles, was die Erziehung des Menschen verhindert, unmenschlich. Für die Klassik ist das Studium der Antike ein unverzichtbarer Teil der Bildung. Sie führe den Menschen zur wahren Humanität - und er verbinde das Schöne (Harmonie) mit dem Guten (Moral) und dem Wahren (Idee des Menschen). Winckelmann prägt in seinem Aufsatz zur Laokoon-Gruppe die Formel „edle Einfalt, stille Größe" und verlangt nach dem rechten Maß zwischen Körper und Geist, Physis und Psyche. Seine Formel wird bestimmend für die Vorstellung

der Weimarer Klassik von einer inneren Ausgewogenheit, der Harmonie von Körper und Geist, der Versöhnung von Sinnlichkeit und Vernunft, Pflicht und Neigung.

- Das Bildungs- und Humanitätsideal der Klassik ist abgestimmt auf ein Konzept der „ästhetischen Erziehung“ (Schiller). Der Weg der Bildung führe durch die intensive Beschäftigung mit Kunst und Dichtung zur Humanität, zur wahren Menschlichkeit. Das Erziehungsideal der Klassik ist ein in sich ruhender und schöner Mensch, bei dem Pflicht und Neigung im Handeln übereinstimmen. Die Vertreter der Klassik geben diesem Menschenbild den Namen „schöne Seele“.
- Die Klassiker widersprechen dem Konzept der Revolution und setzen ihre Hoffnung auf die Evolution. Das willkürliche Morden und gesellschaftliche Chaos der französischen Revolution dienen ihnen als Beweis, dass der Mensch der Freiheit, für die er kämpfte, noch nicht würdig sei. Die neuen „Menschheitsentwürfe“ setzen auf eine Evolution im Geist und auf eine ästhetische und moralische Erneuerung desselben. Infolgedessen bekommen Kunst und Dichtung geradezu eine religiöse Funktion. Die Menschen brauchen sie zur Erlangung wahrer Humanität.

Darstellung des Menschenbildes in der Dichtung

- Das Bemühen der Klassik um eine neue Dimension der Menschlichkeit findet seine Entsprechung im klassischen Drama. Gerade die Bühne ist der Ort, an dem das Publikum - auch im Sinne der Aufklärung - lernen soll. Kein Wunder also, dass hier die Ideale der Klassik personifiziert auftreten - und in kaum einer literarischen Gestalt offensichtlicher als in der Iphigenie aus Goethes Drama *Iphigenie auf Tauris.*
- Die Protagonistin ist eine typische Vertreterin des klassischen Humanitätsideals, deren „schöne Seele“ sich insbesondere im 4. und 5. Aufzug des Dramas offenbart: Sie steht vor der Entscheidung, entweder gemeinsam mit ihrem Bruder Orest und dessen Freund Pylades von Tauris zu fliehen und damit König Thoas zu hintergehen oder durch ihr Bleiben möglicherweise den Tod ihres Bruders zu verschulden. Iphigenie entscheidet sich schließlich dafür, die Wahrheit zu sagen, dem König den Fluchtplan zu eröffnen und an seine Menschlichkeit zu appellieren. Im Konflikt zwischen Pflicht und Neigung bewährt sie sich und wird somit zum idealen Menschen im Sinne der Klassik.

Bedeutung des Menschenbildes in der Gegenwart

- Die Dramen der Klassik sind nicht von den deutschen Bühnen verschwunden, im Gegenteil: Die Werke von Goethe, Schiller und Kleist gehören zum Standardrepertoire deutscher Bühnen. Besonders *Faust I* zählt zu den meistgespielten Stücken in deutschsprachigen Theatern. Die Gegenwärtigkeit der Klassik steht also außer Frage.
- Auch das Wertesystem der Weimarer Klassik hat heute noch Gültigkeit. Im Artikel 131 der Bayerischen Verfassung findet sich das Bildungsziel, die Schülerinnen und Schüler seien zur „Aufgeschlossenheit für alles Wahre, Gute und Schöne" zu erziehen.
- Für das Fortwirken klassischen Gedankenguts im Bildungswesen spricht auch, dass im Deutschunterricht in fast allen Bundesländern der Weimarer Klassik ein erheblicher Raum eingeräumt wird. Nicht zuletzt ist die vorliegende Abituraufgabe Beweis dafür.

TIPP Eine detaillierte Analyse ist in dieser Aufgabe nicht verlangt. Art der Darstellung, Vorgehensweise und Sprache ergeben sich aus der Textsorte.
In der Aufgabe sind die Gliederungspunkte vorgegeben. Dies bedeutet, dass Sie vorgegebenes Textmaterial heranziehen und erschließen müssen. Zu den Anforderungen der Aufgabe zählt der Auftrag, die vorgelegten Texte durch literaturgeschichtliche Informationen zu ergänzen und in übergeordnete Zusammenhänge einzuordnen. Es handelt sich also um eine mit der literarischen Erörterung vergleichbare Leistung. Sie müssen unter Beweis stellen, dass Sie in der Lage sind, mit den exemplarischen Textproben eigenständig umzugehen und eigene literaturgeschichtliche Kenntnisse und Leseerfahrungen einzubringen.

Schnell-Check Informierender Text

Aufgabentyp			Trainingstipps
Einen informierenden Text materialgestützt verfassen ■ Poetologische Texte inhaltlich wiedergeben			Anhand eines Textes: ■ Die wesentlichen Aussagen eines poetologischen Textes erkennen, exzerpieren und in eigenen Worten wiedergeben
■ Erschließen			Anhand zweier Texte: ■ Sich anhand zweier poetologischer Textausschnitte über die Hauptaussagen bewusst werden ■ Daraus einen zusammenhängenden Aufsatz in Abhandlung des vorgegebenen Themas formulieren
■ Überprüfen ■ Unter Berücksichtigung eines Bezugstextes			■ Bezugstexte heranziehen unter Berücksichtigung folgender Fragestellungen: ■ Welche im Unterricht besprochenen Texte stehen im thematischen Kontext zur Verfügung und eignen sich somit als Bezugstexte? ■ Sind diese Texte im Unterricht ausführlich behandelt worden und kennen Sie sie gut genug, um sie als Bezugstexte heranziehen zu können? ■ Sind Sie in der Lage, Entsprechungen und Verbindungen auszuarbeiten?

G8 MUSTERPRÜFUNG INFORMIERENDER TEXT (2)

Aufgabentyp	Materialgestütztes Verfassen eines informierenden Textes
Material	Wolfgang Borchert: *Das ist unser Manifest* (1947) Wolfdietrich Schnurre: *Das Begräbnis* (1947) Heinrich Böll: *Bekenntnis zur Trümmerliteratur* (1952) **Denkbares Bezugswerk:** Günter Eich: *Inventur* (1947)
Textsorte	Epische Texte: Kurzgeschichte; nicht fiktionale Texte: programmatischer/poetologischer Text, Essay
Thema	Kriegsheimkehrer; Trümmerliteratur; Literatur der „Stunde Null"; zeitgenössisch

Materialgestütztes Verfassen eines informierenden Textes

Aufgabe

Gemeinsam mit anderen Autoren arbeiten Sie an der Erstellung eines Schülerlexikons zur Literaturgeschichte mit. Verfassen Sie zu diesem Zweck nach dem von den Herausgebern gelieferten Muster (Material 1) einen Artikel über „Trümmerliteratur"! Beziehen Sie Ihre literaturgeschichtlichen Kenntnisse zur Nachkriegsliteratur in die Darstellung ein und verwenden Sie die Informationen aus den Materialien 2 – 4!

Die redaktionellen Vorgaben sind:

1. Der Umfang soll ca. 1000[1] Wörter umfassen.
2. Der Aufbau des Lexikonartikels ist zu beachten.

1 Es empfiehlt sich im Vorfeld, die ungefähre Wörterzahl pro handgeschriebener Seite individuell zu ermitteln.

Material 1: Aufbau des Lexikonartikels

1. Vorinformierende Einleitung (ausgehend von einer Begriffsdefinition)
2. Autoren und Werke
3. Merkmale der literarischen Strömung
4. Zeitgeschichtliche Hintergründe und Zusammenhänge

Material 2:
Wolfgang Borchert (1921–1947) *Das ist unser Manifest* (1947) [Auszug]

Helm ab Helm ab: - Wir haben verloren!

Die Kompanien sind auseinandergelaufen. Die Kompanien, Bataillone, Armeen. Die großen Armeen. Nur die Heere der Toten, die stehn noch. Stehn wie unübersehbare Wälder: dunkel, lila, voll Stimmen. Die Kanonen aber liegen wie erfrorene Urtiere mit steifem Gebein. Lila vor Stahl und überrumpelter Wut. Und die Helme, die rosten. Nehmt die verrosteten Helme ab: Wir haben verloren.

In unsern Kochgeschirren holen magere Kinder jetzt Milch. Magere Milch. Die Kinder sind lila vor Frost. Und die Milch ist lila vor Armut. [...]

Wer schreibt für uns eine neue Harmonielehre? Wir brauchen keine wohltemperierten Klaviere mehr. Wir selbst sind zuviel Dissonanz.

Wer macht für uns ein lilanes Geschrei? Eine lilane Erlösung? Wir brauchen keine Stilleben mehr. Unser Leben ist laut.

Wir brauchen keine Dichter mit guter Grammatik. Zu guter Grammatik fehlt uns Geduld. Wir brauchen die mit dem heißen heiser geschluchzten Gefühl. Die zu Baum Baum und zu Weib Weib sagen und ja sagen und nein sagen: laut und deutlich und dreifach und ohne Konjunktiv.

Für Semikolons haben wir keine Zeit und Harmonien machen uns weich und die Stilleben überwältigen uns: Denn lila sind nachts unsere Himmel. Und das Lila gibt keine Zeit für Grammatik, das Lila ist schrill und ununterbrochen und toll. Über den Schornsteinen, über den Dächern: die Welt: lila. Über unseren hingeworfenen Leibern die schattigen Mulden: die blaubeschneiten Augenhöhlen der Toten im Eissturm, die violett wütigen Schlünde der kalten Kanonen - und die lilane Haut unserer Mädchen am Hals und etwas unter der Brust. Lila ist nachts das Gestöhn der Verhungernden und das Gestammel der Küssenden. Und die Stadt steht so lila am nächtlich lilanen Strom.

Aus: Wolfgang Borchert, Das Gesamtwerk, S. 517 u. 519. Herausgegeben von Michael Töteberg unter Mitarbeit von Irmgard Schindler.

Material 3: Wolfdietrich Schnurre (1920 – 1989) *Das Begräbnis* (1947) [Auszug, hier: Schluss]

Wolfdietrich Schnurre las die Kurzgeschichte *Das Begräbnis* bei der ersten Zusammenkunft der Gruppe 47 im Herbst 1947 vor.

[...] Der Pfarrer hat fertig gebetet. Er hebt nen Lehmbatzen auf und wirft ihn ins Loch. „Bumms", macht es. Auch ich bück mich. „Bumms." Der Kittelmann schubst seine Portion mit m Fuß rein. „Bumms." n Augenblick ist es still; man hört nur das Rattern und Stampfen der Maschinen aus der Stickstoff-Fabrik. Dann setzt die Musik wieder ein, lauter jetzt. Die Heimkehrer haben die Mützen wieder aufgesetzt, sie wiegen sich in den Hüften und summen mit. „Fertig -?" fragt der Kittelmann. „Fertig", sagt die Inspektorin. „Haut das Kreuz weit genug rein."
Der Pfarrer putzt sich die Hände ab. „Liebe Anwesende", sagt er. „He!" schreit draußen der Kutscher. „Ja doch!" brüllt der Kittelmann. Tippt an die Mütze: „n Abend allerseits." „n Abend", sagen die Heimkehrer und gehn auch. Die Inspektorin folgt ihnen. Sieht aus wie ne Steckrübe mit ihrem geschürzten Rock. Die Totengräber fangen an zu schippen. „Rumms", macht es; „rumms, rumms." „-fluchter Dreck", sagt der eine und tritt mit m Absatz den Lehm vom Spaten. „Geben se n heut im ODEON?" fragte der andre. Der Pfarrer starrt die Rückwand von WALDEMARS BALLSÄLEN an. „Noch nich nachgesehn", sagt der erste Totengräber; „gleich mal vorbeigehn." „Hü!" schreit der Kutscher draußen, „n Abend", sag ich. Der Pfarrer rührt sich nicht, „n Abend", sagen die Totengräber.
s Friedhofstor quietscht, wie ich's zumach. Am Zaun ist n Zettel aufgespießt. Reiß ihn ab; Stück Zeitungspapier. Inseratenteil, weich vom Regen. Links sucht die PATRIA-BAR n eleganten Kellner mit eigener Wäsche; rechts tauscht einer n Bettlaken gegen ne Bratpfanne ein. Dazwischen, schwarzer Rand, Traueranzeige:
VON KEINEM GELIEBT, VON KEINEM GEHASST, STARB HEUTE NACH LANGEM, MIT HIMMLISCHER GEDULD ERTRAGENEM LEIDEN: GOTT.
Dreh mich um. Der eine Totengräber ist ins Loch reingesprungen und trampelt die Erde fest. Der andre schneuzt sich und schlenkert n Rotz von den Fingern. In der Stickstoff-Fabrik rattern die Maschinen. Ihre Schornsteine sind von unten erleuchtet. Oben verlieren sie sich im Nebel. Hinterm Stacheldraht auf m Kohlenplatz stehn die Heimkehrer und warten, s regnet. Taghell haben's die Azetylenlampen gemacht; wo sie nicht hinreichen, ist Nacht. Jetzt ist auch die Harmonika wieder da. Einer singt zu ihr: „La paloma ohe!" s Friedhofstor quietscht. Ist der Pfarrer. Er hinkt.

Das Begräbnis, erstmals erschienen 1966 in: Wolfdietrich Schnurre, Die Erzählungen. S. 11 - 18

Material 4:
Heinrich Böll (1917–1985) *Bekenntnis zur Trümmerliteratur* (1952)

Die ersten schriftstellerischen Versuche unserer Generation nach 1945 hat man als Trümmerliteratur bezeichnet, man hat sie damit abzutun versucht. Wir haben uns gegen diese Bezeichnung nicht gewehrt, weil sie zu Recht bestand: tatsächlich, die Menschen, von denen wir schrieben, lebten in Trümmern, sie kamen aus dem Kriege, Männer und Frauen in gleichem Maße verletzt, auch Kinder. Und sie waren scharfäugig: sie sahen. Sie lebten keineswegs in völligem Frieden, ihre Umgebung, ihr Befinden, nichts an ihnen und um sie herum war idyllisch, und wir als Schreibende fühlten uns ihnen so nahe, daß wir uns mit ihnen identifizierten. Mit Schwarzhändlern und den Opfern der Schwarzhändler, mit Flüchtlingen und allen denen, die auf andere Weise heimatlos geworden waren, vor allem natürlich mit der Generation, der wir angehörten und die sich zu einem großen Teil in einer merk- und denkwürdigen Situation befand: sie kehrte heim. Es war die Heimkehr aus einem Krieg, an dessen Ende kaum noch jemand hatte glauben können.

Wir schrieben also vom Krieg, von der Heimkehr und dem, was wir im Krieg gesehen hatten und bei der Heimkehr vorfanden: von Trümmern; das ergab drei Schlagwörter, die der jungen Literatur angehängt wurden: Kriegs-, Heimkehrer- und Trümmerliteratur.

Die Bezeichnungen als solche sind berechtigt: es war Krieg gewesen, sechs Jahre lang, wir kehrten heim aus diesem Krieg, wir fanden Trümmer und schrieben darüber. Merkwürdig, fast verdächtig war nur der vorwurfsvolle, fast gekränkte Ton, mit dem man sich dieser Bezeichnung bediente: man schien uns zwar nicht verantwortlich zu machen dafür, daß Krieg gewesen, daß alles in Trümmern lag, nur nahm man uns offenbar übel, daß wir es gesehen hatten und sahen, aber wir hatten keine Binde vor den Augen und sahen es: ein gutes Auge gehört zum Handwerkszeug des Schriftstellers.

Aus: Heinrich Böll. Werke. Essayistische Schriften und Reden 1. 1952 – 1963. Hrsg. von Bernd Balzer © 1979 by Verlag Kiepenheuer & Witsch GmbH & Co. KG, Köln. S. 31 ff.

LÖSUNGSVORSCHLAG INFORMIERENDER TEXT (2)

Lösungsvorschlag
Materialgestütztes Verfassen eines informierenden Textes

Aufgabe

Gemeinsam mit anderen Autoren [...] Verfassen Sie zu diesem Zweck nach dem [...] Muster (Material 1) einen Artikel über „Trümmerliteratur"! Beziehen Sie [...] ein und verwenden Sie ...

HINWEIS Eine solche Aufgabenstellung ist im bayerischen Abitur neu. Wichtig ist bei der Erfüllung der Aufgabe ein sachgerechtes und sachliches Schreiben, basierend auf einer sorgfältigen Erschließung der Texte, die beigefügt sind.
Die Aufgabenstellung erfordert eine sorgfältige Nutzung der vorliegenden programmatischen Texte von Borchert und Böll sowie des Textauszugs aus Schnurres Kurzgeschichte *Das Begräbnis* zur Gewinnung von Informationen und zur Einordnung in literaturgeschichtliche Zusammenhänge.
Vertiefte Kenntnisse der Literatur nach 1945, der sogenannten Trümmerliteratur bzw. Literatur der „Stunde Null", werden vorausgesetzt: Sowohl Hinweise auf epochenspezifische Merkmale als auch auf Autoren und Hauptwerke sollen in den zu erstellenden Artikel einfließen.

Lösungsschritte

1	Den Arbeitsauftrag in all seinen Teilen sorgfältig lesen
2	Die Textauszüge aus *Das ist unser Manifest* von Wolfgang Borchert, *Das Begräbnis* von Wolfdietrich Schnurre und *Bekenntnis zur Trümmerliteratur* von Heinrich Böll kursorisch lesen
3	Die Vorgaben zum Aufbau des Lexikonartikels in Material 1 aufmerksam lesen
4	Ein Exzerpt anlegen, gegliedert in die Bereiche: 1. Vorinformierende Einleitung (ausgehend von einer Begriffsdefinition) 2. Autoren und Werke 3. Merkmale der literarischen Strömung 4. Zeitgeschichtliche Hintergründe und Zusammenhänge
5	Den Textauszug aus *Das ist unser Manifest* von Wolfgang Borchert sorgfältig lesen
6	Im Hinblick auf die Gliederungspunkte (Material 1) relevante Gesichtspunkte im Textauszug von Wolfgang Borchert markieren und den Gliederungspunkten zuordnen

7	Den Textauszug aus *Das Begräbnis* von Wolfdietrich Schnurre sorgfältig lesen
8	Im Hinblick auf die Gliederungspunkte (Material 1) relevante Gesichtspunkte im Textauszug von Wolfdietrich Schnurre markieren und den Gliederungspunkten zuordnen
9	Den Textauszug aus *Bekenntnis zur Trümmerliteratur* von Heinrich Böll sorgfältig lesen
10	Im Hinblick auf die Gliederungspunkte (Material 1) relevante Gesichtspunkte im Textauszug von Heinrich Böll markieren und den Gliederungspunkten zuordnen
11	Einen Vorentwurf für den informierenden Text verfassen; dafür das Exzerpt auswerten
12	Den informierenden Text für ein Schülerlexikon zum Thema „Trümmerliteratur" verfassen

Stichpunktlösung

Vorinformierende Einleitung und Definition

- Heinrich Böll erklärt: „Die ersten schriftstellerischen Versuche unserer Generation nach 1945 hat man als Trümmerliteratur bezeichnet" (Böll, Z. 1 f.). Der Begriff sei zwar abwertend gemeint, werde aber von den Dichtern akzeptiert. Böll und seine Schriftstellerkollegen der Generation nach 1945 leugnen nicht den thematischen Bezug ihrer Werke zu Menschen, die in Trümmern leben, und Menschen, die aus dem Krieg zurückkehren (Böll, Z. 4).
- Konkurrierende, allerdings ebenfalls nicht unumstrittene Begriffe sind: Literatur der „Stunde Null" und Kahlschlagliteratur (Weyrauch)

Autoren und Werke

- Drei der wichtigsten Vertreter der Generation der Trümmerliteraten tauchen in den der Aufgabe beigefügten Materialien auf: Wolfgang Borchert, Wolfdietrich Schnurre und Heinrich Böll
- Weithin bekannt ist Borcherts Drama *Draußen vor der Tür,* eines der Hauptwerke der sogenannten Trümmerliteratur. Es entstand in den Jahren 1946/47 und erzählt die Geschichte des Kriegsheimkehrers Beckmann in eine Welt der Orientierungs- und Hoffnungslosigkeit. Nicht weniger bekannt sind die Kurzgeschichten Wolfdietrich Schnurres; mit *Das Begräbnis* gelang ihm sein literarischer Durchbruch. Auch Heinrich Böll gehört dieser literarischen Generation an. Besonders bekannt ist seine Kurzgeschichte *Wanderer, kommst du nach Spa...,* welche die Geschichte eines Schwerverletzten im Zweiten Weltkrieg erzählt, der durch sein altes Gymnasium getragen wird, das er erst drei Monate zuvor verlassen hat, um in den Krieg zu ziehen. An der Tafel des Zeichensaals erkennt er seine eigene Handschrift, die mitten im Schriftzug abbricht.

- Weitere bedeutende Vertreter der Trümmerliteratur sind Ernst Wiechert, Marie Luise Kaschnitz und Werner Bergengruen. Auch Wolfgang Weyrauch und Wolfgang Koeppen zählen zu dieser Generation wie auch Günter Eich, dessen Gedicht *Inventur* wohl zu den wichtigsten und auch programmatischen Texten der Zeit gehört.
- Bemerkenswert ist, dass sogar in vielen Literaturgeschichten und Lexika der in der Nachkriegszeit am meisten gelesene Autor der Trümmerliteratur fehlt: Theodor Plievier. In seinem Roman *Stalingrad* aus dem Jahr 1945 wird das Schicksal der sechsten Armee und ihre verheerende Niederlage beschrieben.

Merkmale der literarischen Strömung

- Die Trümmerliteratur führt einen Bruch mit der Kultur, mit dem „wohltemperierten Klavier" und mit den „Stilleben" (Borchert, Z. 9 f. und Z. 11) herbei. Ein Neuanfang der Dichtung soll versucht werden in enger Verwandtschaft zum Expressionismus: „Wir brauchen die", so Wolfgang Borchert, „mit dem heißen heiser geschluchzten Gefühl" (Z. 13 f.).
- Der „neue Stil" ist geprägt vom Willen zur Wahrheit und zugleich von einer Tendenz zur stilistischen Kargheit. Dies soll der Reinigung der vom Nationalsozialismus missbrauchten Sprache dienen. Von der traumatischen Erfahrung ihrer jüngsten Geschichte ist die Trümmerliteratur zutiefst geprägt.
- Mit der Trümmerliteratur beginnt der deutliche Einfluss der amerikanischen Literatur auf die deutsche Literaturgeschichte: Nach dem Vorbild der amerikanischen short story entwickelt sich die deutsche Kurzgeschichte. Sie ist wie ihr Vorbild geprägt von einer knappen, alltagsnahen Sprache sowie einer offenen Struktur.

Zeitgeschichtliche Hintergründe und Zusammenhänge

- Der zeitliche Hintergrund der sogenannten Trümmerliteratur ist das Kriegsende im Jahre 1945. Prägend ist die Erfahrung des verlorenen Krieges und die Verzweiflung darüber. „Helm ab Helm ab: – Wir haben verloren!", schreibt Wolfgang Borchert (Z. 1).
- Mit den Worten „magere Kinder" und „magere Milch" (Borchert, Z. 7) weist Borchert auf die Armut der Menschen und die große Hungersnot hin (vgl. auch „nachts das Gestöhn der Verhungernden", Borchert, Z. 23). Es herrscht das erbarmungslose Gesetz des Schwarzmarkts (vgl. Böll, Z. 8).
- Der Winter des Jahreswechsels 1945/46 ist hart, ein Großteil des Wohnraums ist besonders in den Großstädten zerstört, Heizmaterial ist rar. „Die Kinder sind lila vor Frost" (Borchert, Z. 7 f.) – und nicht nur die Kinder leiden Not. Die Erfahrung des Mangels prägt die gesamte Generation der Trümmerliteraten.
- Deutschland ist 1945/46 beherrscht von Flüchtlingsströmen, die v. a. aus dem Osten vor der Roten Armee des Diktators Stalin fliehen. Die „Heimkehrer" (Schnurre, Z. 4 und Z. 9) sind bestimmt von dem Gefühl der Orientierungslosigkeit und Heimatlosigkeit (Böll, Z. 9).

- Die Erinnerung an den Verlust so vieler Menschen im Krieg, an die „blaubeschneiten Augenhöhlen der Toten im Eissturm“ (Borchert, Z. 20 f.) ist ebenso gegenwärtig, wie es die Verbrechen des Krieges sind. Eindringlich beschreibt Wolfgang Borchert die „lilane Haut unserer Mädchen am Hals und etwas unter der Brust“ (Z. 22).
- Wolfgang Schnurre zeigt die völlige Hoffnungslosigkeit des Volkes auf. Der Tod Gottes wird proklamiert: „VON KEINEM GELIEBT, VON KEINEM GEHASST, STARB HEUTE NACH LANGEM, MIT HIMMLISCHER GEDULD ERTRAGENEM LEIDEN: GOTT“ (Schnurre, Z. 20 f.).
- Die Bedeutung der Trümmerliteratur für die Entwicklung der Literatur der jungen Bundesrepublik Deutschland kann gar nicht hoch genug eingeschätzt werden. Ab dem Jahr 1947 treffen sich Publizisten, Kritiker und Literaten der Nachkriegszeit auf Einladung Hans-Werner Richters regelmäßig. Zu der nach ihrem Gründungsjahr benannten „Gruppe 47“ zählen auch nahezu alle Autoren der sogenannten Trümmerliteratur. Die „Gruppe 47“ avanciert im Lauf der Jahre zur wichtigsten Institution des bundesrepublikanischen Kulturbetriebs, die mindestens 20 Jahre der deutschsprachigen Literaturgeschichte prägte.

Schnell-Check Informierender Text

Aufgabentyp			Trainingstipps
Einen informierenden Text materialgestützt verfassen ■ Informationen aus vorgegebenen Textmaterialien zusammenfassend in eigenen Worten präsentieren			■ Die wesentlichen Aussagen von poetologischen Texten und/oder einer Kurzgeschichte erkennen, exzerpieren und in eigenen Worten wiedergeben
■ Erschließen			■ Sich über die Hauptaussagen der Textausschnitte bewusst werden und daraus einen zusammenhängenden Aufsatz in Abhandlung des vorgegebenen Themas formulieren
■ Überprüfen ■ Unter Berücksichtigung von Bezugstexten oder eigener literaturgeschichtlicher Kenntnisse			■ Bezugstexte heranziehen unter Berücksichtigung folgender Fragestellungen: ■ Welche im Unterricht besprochenen Texte stehen mir im thematischen Kontext zur Verfügung? ■ Bin ich in der Lage, Entsprechungen und Verbindungen auszuarbeiten?

G8 MUSTERPRÜFUNG
VERGLEICHENDE SACHTEXTANALYSE

Aufgabentyp	Verfassen einer vergleichenden Analyse von Sachtexten
Material	Ludwig Kellermann: *Schiller* (1901) Rüdiger Safranski: *Schiller oder Die Erfindung des Deutschen Idealismus* (2004)
Textsorte	Nicht fiktionale Texte: Sachtext
Thema	Schiller; Idealismus

Verfassen einer vergleichenden Analyse von Sachtexten

Aufgabe a

Analysieren Sie vergleichend die beiden folgenden Textausschnitte hinsichtlich ihrer Argumentation und hinsichtlich ihrer sprachlichen Gestaltung!

Aufgabe b

Erarbeiten Sie, ausgehend von Ihren Ergebnissen, die unterschiedlichen Schwerpunkte der Einordnung und Wertung von Dichtern und Dichtung, die den Texten zugrunde liegen! Beurteilen Sie diese Unterschiede!

Vorbemerkung

Die beiden folgenden Texte erschienen jeweils im Umfeld des Todestages Schillers. Ludwig Kellermann schrieb seine Schiller-Biographie 1901, kurz vor dem 100. Todestag Schillers, Rüdiger Safranskis Text wurde 2004 erstmals publiziert, ein Jahr vor dem 200. Todestag.

Ludwig Kellermann *Schiller*

Jedes Volk hat in der Entwickelung seines Geistes Höhen und Tiefen. Die Deutschen rangen nach dem verheerenden Kriege des 17. Jahrhunderts durch harte, entsagungsvolle Arbeit vieler Menschenalter aus tiefster geistiger Ohnmacht sich langsam und mühevoll wieder zur Selbständigkeit empor. Goethe und Schiller sind uns die glücklichen und sieghaften Vollender dieser großen, unvergleichlich wichtigen Entwickelungsreihe des deutschen Geistes, gleichsam der letzte, krönende Aufstieg eines mächtigen, aussichtsreichen Alpengipfels. Auch andere Nationen blicken zu ähnlichen Höhen ihres geistigen Wesens empor; aber gerade wir Deutschen haben hier vor vielen Völkern einen besonderen Vorzug, der in der menschlichen Persönlichkeit dieser beiden Männer liegt. Goethe und Schiller sind uns nicht nur als Dichter und Denker, als Forscher und Künstler bewundernswert, sondern sie stehen zugleich als unvergängliche Muster edelster und freiester Menschenart und Mannesart vor uns. Es mag nicht viele große Männer in allen Nationen und auf allen Gebieten geben, die es vertragen, so bis ins Einzelnste in allem, was sie gethan, gedacht, geschrieben haben, ans Licht gezogen und gleichsam unter die schärfste Lupe der Forschung genommen zu werden, ohne dadurch zu verlieren. Die Zeugnisse über ihr Leben fließen in einer fast unerschöpflichen Fülle, aber wenngleich wir auch Fehler und Schranken und Schwächen in ihnen wahrnehmen, so hat doch jedes weitere Eindringen in die großen wie in die kleinen und kleinsten Vorgänge ihres Lebens das Gesamtbild nur immer menschlich ansprechender, edler, ehrwürdiger und liebenswerter gestalten können. In der That, ihre „Individualität ist es wert, vor Welt und Nachwelt ausgestellt zu werden." Die Verehrung für die beiden Gewaltigen ist durch die Wissenschaft, durch die Zergliederung ihres Lebens wie ihrer Werke, ihres menschlichen Charakters wie ihres schöpferischen Geistes nur immer mehr gewachsen, und ihre Wirkung hat ohne Zweifel die höchste Stufe noch nicht erreicht.

Schillers Leben umfasst nur fünfundvierzig Jahre. Ihm war es nicht beschieden, von der Warte des Greisenalters rückblickend sein eigenes Wirken, die Größe seiner Lebensarbeit ermessen zu können. Als er eben die Mittagshöhe betreten hatte, ward er frühzeitig hinweggerafft, mitten in der Bahn, voll von mächtigen Entwürfen, in dem Gefühl noch stetig wachsender Schöpferkraft und Meisterschaft. So erscheint uns sein Leben als ein großartiges Bruchstück, das in rastloser Thätigkeit, trotz schwerer Hemmnisse und Schmerzen, nur die aufsteigende Linie zeigt, keinen Stillstand, keinen Niedergang. Wer diesen heldenhaft geführten Lebenskampf verfolgt, der kann sich zum Schluß der Wehmut nicht erwehren, „daß das Hohe vergeht," noch der „unendlichen Sehnsucht," die nach Goethes tiefsinnigem Wort ein unvollendetes Heldenleben (er spricht von Achilleus) in dem Betrachter erregt: „Und jedem stirbt er aufs neue." [...]

Die Deutschen hängen auf der Höhe ihrer Macht und Weltstellung mit derselben unwandelbaren Liebe wie früher an ihrem großen Dichter. Er ist ihrem Herzen nahe durch seine dichterische Gewalt wie durch seine menschliche Persönlichkeit. Denn Leben und Dichten steht bei ihm in tiefster und schönster Uebereinstimmung. Dieselbe hohe Gesinnung, dieselbe edle Großheit des Denkens, Fühlens und Wollens, die er in seinen Dichtungen preist und darstellt, hat er auch in seinem Leben bewährt, und niemals vielleicht ist der erhabene Kampf eines großen idealen Willens gegen äußere Hemmnisse aller Art heldenhafter und bewundernswürdiger geführt worden, niemals die herrliche Mahnung: „Werft die Angst des Irdischen von euch!" männlicher und siegreicher befolgt worden, als von ihm. [...]

Ludwig Kellermann Schiller. Leipzig u. a. 1901. Einleitung. unpaginiert.

Rüdiger Safranski *Schiller oder Die Erfindung des Deutschen Idealismus*

Nach Schillers Tod am 9. Mai 1805 wurde die Leiche obduziert. Man fand die Lunge „brandig, breiartig und ganz desorganisiert", das Herz „ohne Muskelsubstanz", die Gallenblase und die Milz unnatürlich vergrößert, die Nieren „in ihrer Substanz aufgelöst und völlig verwachsen". Doktor Huschke, der Leibmedicus des Weimarer Herzogs, fügte dem Obduktionsbefund den lapidaren Satz hinzu: „Bei diesen Umständen muss man sich wundern, wie der arme Mann so lange hat leben können". Hatte nicht Schiller selbst davon gesprochen, daß es der Geist sei, der sich seinen Körper baut? Ihm war das offenbar gelungen. Sein schöpferischer Enthusiasmus hielt ihn am Leben über das Verfallsdatum des Körpers hinaus. Heinrich Voß, Schillers Sterbebegleiter, notierte: „Nur bei seinem unendlichen Geiste wird es erklärbar, wie er so lange leben konnte."

Aus dem Obduktionsbefund läßt sich die erste Definition von Schillers Idealismus ablesen: Idealismus ist, wenn man mit der Kraft der Begeisterung länger lebt, als es der Körper erlaubt. Es ist der Triumph eines erleuchteten, eines hellen Willens.

Für Schiller war der Geist das Organ der Freiheit. Die Frage, ob es einen freien Willen geben könne, beantwortete er eindeutig: Wie sollte er nicht frei sein dieser Wille, da jeder Augenblick einen Horizont von ergreifbaren Möglichkeiten eröffnet. Man hat zwar stets begrenzte, aber unerschöpfliche Möglichkeiten vor sich. Insofern ist Freiheit offene Zeit.

Doch geht es nicht nur um die Wahl zwischen Möglichkeiten, noch entscheidender ist der körperliche Aspekt der Freiheit. Man kann auf Dinge, Menschen und auf sich selbst einwirken nach Maßgabe von Ideen, Absichten, Konzepten. Die schöpferische Freiheit bringt etwas in die Welt, das es ohne sie nicht geben würde, sie ist immer auch creatio ex nihilo. Sie ist auch die Kraft der Vernichtung, ebenso kann sie den üblen Wirkungen widerstehen, zum Beispiel den Schmerzattacken des Körpers. Schiller hatte ein kombattantes Verhältnis zur Natur, auch der eigenen. Der Körper ist dein Attentäter! Darum erklärte Schiller, daß wir unsern *physischen Zustand, der durch die Natur bestimmt werden kann, gar nicht zu unserm Selbst rechnen, sondern als etwas Auswärtiges und Fremdes* (V, 502) zu betrachten hätten.

Damit konnte sich sein großer Antipode und Freund Goethe nicht anfreunden. Er nannte das Schillers „Evangelium der Freiheit“ und meinte, er seinerseits „wollte die Rechte der Natur nicht verkürzt wissen“.

Das wiederum erschien Schiller abwegig. Ihm war die Natur mächtig genug, sie braucht keinen Beistand; beistehen sollte man den bedrohten Rechten des Geistes und die Macht der Freiheit sichern. Das Abenteuer der Freiheit war Schillers Leidenschaft, und deshalb wurde er zu einem Sartre des späten 18. Jahrhunderts. Schillers Idealismus besteht in der Überzeugung, daß es möglich ist, die Dinge zu beherrschen statt sich von ihnen beherrschen zu lassen. Wie Sartre erklärt er: es kommt darauf an, etwas aus dem zu machen, wozu man gemacht wurde.

Aus: Rüdiger Safranski: Schiller oder Die Erfindung des Deutschen Idealismus, Hanser Verlag München, 2004, Prolog

LÖSUNGSVORSCHLAG VERGLEICHENDE SACHTEXTANALYSE

Lösungsvorschlag Verfassen einer vergleichenden Analyse von Sachtexten

Aufgabe a

Analysieren Sie vergleichend die [...] Textausschnitte hinsichtlich ihrer Argumentation und hinsichtlich ihrer sprachlichen Gestaltung!

HINWEIS Sie sollten damit rechnen, dass bei zwei unterschiedlichen Texten neben Gemeinsamkeiten v. a. Unterschiede in der Argumentationsführung und Wertung auftreten. Auch ist zu beachten, dass beide Biografien zu markanten Zeitpunkten, zu Jubiläen, geschrieben wurden. Deshalb ist mit pointierten Formulierungen zu rechnen, die an ein breites Publikum, das sich rund um Jubiläen immer für prominente Persönlichkeiten interessiert, gerichtet sind.
Bei den für Aufgaben dieses Typs ausgewählten Texten macht meistens bereits der erste Satz die unterschiedliche Ausrichtung der Vergleichstexte deutlich. Daher sollten Sie jeweils den Beginn der Textausschnitte sehr sorgfältig analysieren.

Lösungsschritte

1	Die Texte mindestens zweimal aufmerksam lesen
2	Die Aufgabenstellung in allen Teilen sorgfältig lesen; dabei die Kernbegriffe unterstreichen bzw. markieren
3	Die Textausschnitte abermals lesen. Erster Durchgang: Argumentative Muster identifizieren und markieren. Dabei in jedem Text möglichst auf entsprechende Stellen im anderen Text verweisen.
4	Die Textausschnitte erneut lesen. Zweiter Durchgang: Sprachliche und stilistische Auffälligkeiten im Text markieren und Randnotizen anfertigen. Dabei in jedem Text möglichst auf entsprechende Stellen im anderen Text verweisen.
5	Die Ergebnisse in einem ausformulierten Text zusammenfassen
6	Geschriebenes erneut lesen, überprüfen und überarbeiten

Stichpunktlösung

Die Argumentationen im Vergleich: Grundsätzliches

Kellermann: nationalgeschichtliche, deduktive Argumentation

- Bei Kellermann stellt die nationalgeschichtliche Deutung (Aufstieg nach Tiefpunkt im 17. Jahrhundert bis zum Höhepunkt in der Klassik), die um 1900 zum allgemeingültigen Geschichtsverständnis gehört, die Grundlage seiner Ausführungen zu Schiller dar
- Kellermann argumentiert, ausgehend von der genannten Vorgabe, deduktiv, d. h., er schlussfolgert vom Allgemeinen auf das Besondere, vom skizzierten Verlauf der Geistesgeschichte auf das Einzelphänomen Schiller
- Kellermann sieht Schiller im unverbrüchlichen Tandem mit Goethe vereint
- Er versucht, durch seine Anrede „wir Deutschen“ (Z. 7 f.) eine patriotische Gemeinschaft zwischen Autor, Leser und Schiller zu bilden

Safranski: empirische, induktive Argumentation

- Safranski geht vom biografischen Einzelfall aus, konkret vom Obduktionsbefund, den er zitiert (Z. 1 - 3)
- Er verweist auf Spannungen zwischen Schiller und Goethe (Z. 27 - 29)
- Safranski, der von der Einzelbeobachtung des Obduktionsbefundes ausgeht, lotet das Verhältnis Geist/Körper aus und formuliert von da aus eine eigene, pragmatische Definition von Idealismus („Idealismus ist, wenn ...“, Z.12 f.); das Vorgehen kann auch als induktiv bezeichnet werden

Fazit

- Safranski bemüht sich um Sachurteile; ausgehend von empirisch überprüfbaren Behauptungen zieht er Schlussfolgerungen (z. B. vom Obduktionsbefund auf Schillers „schöpferische[n] Enthusiasmus“, Z. 7). Kellermann fällt Werturteile: Goethe und Schiller als „unvergängliche Muster edelster und freiester Menschenart und Mannesart“ (Z. 10 f.); Sachverhalte, z. B. Schillers und Goethes gemeinsames dichterisches Wirken, werden gewertet, mögliche Einwände - „Fehler und Schranken und Schwächen“ (Z. 16) - werden als vereinbar mit dem Werturteil angesehen, ja sogar als eine Bekräftigung des Urteils aufgefasst.

Sprachlich-formaler Vergleich der beiden Texte

Kellermann: „hoher“, metaphernreicher Sprachstil

- Kellermann verwendet einen stilistisch schmückenden und metaphernreichen Stil, den man als „hohen“ Stil bezeichnen könnte bzw. früher so bezeichnet hat
- Er bedient sich eindrücklicher Vergleiche und Metaphern aus dem Bereich der Natur (Schiller - und Goethe - als „Aufstieg [...] eines Alpengipfels“, Z. 6; indirekter Vergleich Schillers mit der Sonne, die in der „Mittagshöhe [...] mitten in der Bahn“ hinweggerafft wurde, Z. 26 f.)

- Kellermann benutzt viele Reihungen, die in immer neuen Anläufen, mit Nuancierungen und Steigerungen, Schiller huldigen und die umfassende Größe durch variierende Wiederholung in den Griff zu bekommen versuchen (z. B. „Dieselbe hohe Gesinnung, dieselbe edle Großheit des Denkens, Fühlens und Wollens“, Z. 38 f.)

Safranski: nüchtern-sachlicher Sprachstil

- Safranski formuliert eher nüchtern-sachlich, nennt auch bewusst überprüf- und beobachtbare Tatsachen, z. B. wenn er aus dem Obduktionsbefund zitiert (Z. 1 - 3, Z. 5 f.)
- Er bevorzugt einen einfachen, parataktischen Satzbau (z. B. „Nach Schillers Tod am 9. Mai 1805 wurde die Leiche obduziert“, Z. 1)

Gemeinsamkeiten in der sprachlichen Gestaltung: Verwendung von Zitaten

- Kellermann zitiert Goethe (Z. 31 - 34) und Schiller selbst („Werft die Angst des Irdischen von euch!“, Z. 42 f., aus Schillers Gedicht *Das Ideal und das Leben*); er bestätigt durch diese Zitate seine Ausführungen bzw. sieht seine Ausführungen als Bestätigung der Zitate
- Safranski zitiert den Obduktionsbefund (Z. 1 - 3, Z. 5 f.), er gibt eine Äußerung von Heinrich Voß, einem Freund Schillers, wieder (Z. 9 f.), er zitiert Schiller selbst (Z. 24 - 26) und schließlich Goethe (Z. 28 f.)
- Fazit: Während bei Kellermann die Anführung der Zitate nur illustrierenden Charakter hat, nutzt Safranski das Zitat von Voß, um einerseits die Hochschätzung zu zeigen, die Schiller schon früh entgegenschlug, setzt sich dann aber selbst davon ab: An die Stelle von dem „unendlichen Geiste“ (Z. 9) bei Voß setzt er eine pragmatischere Definition von Schillers Idealismus: „Idealismus ist, wenn man mit der Kraft der Begeisterung länger lebt, als es der Körper erlaubt“ (Z. 12).

TIPP Die Beachtung zitierter Aussagen ist wichtig: Ein Autor beweist damit nicht nur Kenntnis der Tradition, in der eine Diskussion steht, sondern nutzt die Zitate zur Schärfung der eigenen Position, und zwar indem er sich entweder abgrenzt oder Unterstützung sucht (so bei Kellermann) oder eine mehr oder weniger behutsame Gewichtsverlagerung (so bei Safranski) vornimmt.

Aufgabe b

Erarbeiten Sie [...] die unterschiedlichen Schwerpunkte der Einordnung und Wertung von Dichtern und Dichtung [...]! Beurteilen Sie diese Unterschiede!

> **HINWEIS** Bei der Wertung und Einordnung verweisen Autoren oft, wie auch in diesem Fall, auf andere Dichter. Diese Nennung kann von großer Bedeutung sein, auch wenn Sie als Schüler möglicherweise nur geringe Kenntnisse über die genannten Personen haben bzw. über keine Detailkenntnisse verfügen – genannt werden sehr wahrscheinlich „Größen" des Geisteslebens. So nennt Kellermann z. B. mit Goethe einen weiteren deutschen Dichter, Safranski mit Jean-Paul Sartre den führenden Existenzialisten Frankreichs im 20. Jahrhundert – Safranski verortet Schiller also in einer europäischen Geisteswelt, Kellermann (nur) in der deutschen.

Lösungsschritte

1	Die Aufgabenstellung in allen Teilen sorgfältig lesen; als Hilfestellung die Kernbegriffe des Arbeitsauftrags markieren
2	Die Textausschnitte abermals lesen. Dabei die Texte in Sinnabschnitte gliedern und für jeden Sinnabschnitt einen Aspekt benennen, der die Untersuchung der Autoren leitet.
3	Wertungen markieren und dabei in jedem Text auf vergleichbare Stellen im anderen Text verweisen und vergleichen
4	Unterschiede beurteilen und eigene Meinung formulieren. Leitfrage: Welches Urteil halte ich für angemessener?
5	Die Ergebnisse in einem ausformulierten Text zusammenfassen
6	Geschriebenes erneut lesen, überprüfen und überarbeiten

Stichpunktlösung

Aspekte der Beurteilung Schillers

Kellermann: Menschlichkeit als zentraler Aspekt

- Kellermann hebt die überragende Menschlichkeit der beiden Persönlichkeiten Schiller und Goethe hervor („Vorzug, der in der menschlichen Persönlichkeit dieser beiden Männer liegt", Z. 8 f.)
- Zugleich bemerkt er auch „Fehler und Schranken und Schwächen" (Z. 16), die seiner Ansicht nach die beiden Protagonisten jedoch „menschlich ansprechender" (Z. 18) machen

Safranski: Begeisterung für die Freiheit als zentraler Aspekt

- Safranski konzentriert sich auf die Begeisterung, die er bei Schiller ausmacht („Kraft der Begeisterung“, Z. 12), und auf dessen Freiheitswillen („Das Abenteuer der Freiheit war Schillers Leidenschaft“, Z. 32)

Verhältnis Schiller/Goethe als Aspekt der Beurteilung

Kellermann: Goethe und Schiller als untrennbare Einheit

- Kellermann stellt Schiller und Goethe als unverbrüchliche Einheit dar (häufig nennt er beide Namen in einem Atemzug), ohne Unterschiede aufzuführen. Die beiden Dichter stehen für ihn außerhalb und über jeder Kritik.

Safranski: Aufzeigen unterschiedlicher Positionen von Goethe und Schiller

- Safranski weist auf Unterschiede und kontroverse Ansichten von Goethe und Schiller hin („Damit konnte sich sein großer Antipode und Freund Goethe nicht anfreunden“, Z. 27)
- Er macht bei Schiller ein „kombattantes Verhältnis zur Natur“ (Z. 23) aus, das diesen von Goethe unterscheide. Exemplarisch gibt er eine wichtige Diskussion wieder, in der Schiller und Goethe nicht einer Meinung waren (Z. 27 – 32), und zeigt damit die Kritikfähigkeit und -würdigkeit der Positionen Schillers auf.

Fazit

- Safranski bedient sich historischer Tatsachen wie der Debatte zwischen Goethe und Schiller, um zu zeigen, dass Schillers Meinungen schon zu seiner Zeit nicht gegen eine Gegenrede gefeit waren, die dazu von keinem Geringeren als Goethe geführt wurde. Damit holt er Schiller gewissermaßen „vom Sockel“, auf den Kellermann ihn stellt.

Zum Verhältnis von Leben und Dichten

Kellermann: übereinstimmende Werte für Leben und Dichten

- Kellermann sieht Leben und Dichten bei Schiller in „tiefster und schönster Uebereinstimmung“ (Z. 38) und macht in dessen Leben und Werk dieselben Werte aus („edle Großheit des Denkens, Fühlens und Wollens“, Z. 38 f.)

Safranski: Begeisterung als bestimmendes Element in Leben und Werk

- Safranski schreibt Schiller einen „schöpferische[n] Enthusiasmus“ (Z. 7) zu, der nicht nur sein Dichten, sondern auch sein Leben bestimmt habe, da er sonst mit seinen körperlichen Gebrechen nicht so lange hätte leben können. Er erklärt Schiller zum Verteidiger der „bedrohten Rechte des Geistes“ (Z. 31) gegenüber der Macht der Natur.

Fazit

- Beide Autoren sehen eine Entsprechung zwischen Leben und Dichten Schillers. Kellermann stellt dabei jedoch eher den „großen idealen Willen“ (Z. 41) als Schillers Anliegen in den Vordergrund. Safranski geht davon aus, dass Schiller in Leben und

Werk gleichermaßen auf den Rechten des Geistes gegenüber der Übermacht der Natur bestand.

Beurteilung Schillers durch die beiden Autoren

Beurteilung durch Kellermann

- Kellermann sieht in Schiller den „glücklichen und sieghaften Vollender [...] dieser Entwickelungsreihe des deutschen Geistes“ (Z. 4 f.), den „Alpengipfel“ (Z. 6) und stellt ihn somit als Höhepunkt einer Entwicklung dar. Schiller ist ihm zufolge ein „Muster edelster und freiester Menschenart“ (Z. 11).
- Das kurze Leben Schillers nennt er ein „großartiges Bruchstück“ (Z. 28) und stellt es als fortwährend „aufsteigende Linie“ (Z. 29 f.) dar. Er spricht auch von einem „heldenhaft geführten Lebenskampf“ (Z. 30 f.); zur Kampfmetaphorik („heldenhaft“, „Lebenskampf“) passt ebenso, dass er Schiller in eine Linie mit dem griechischen Helden Achilleus stellt.

Beurteilung durch Safranski

- Safranski hebt die Begeisterungsfähigkeit Schillers hervor (z. B. Z. 12) und sieht v. a. „das Abenteuer der Freiheit [als] Schillers Leidenschaft“ (Z. 32)
- Er deutet Schiller als Vorläufer des Existenzialismus („Wie Sartre erklärt er: es kommt darauf an, etwas aus dem zu machen, wozu man gemacht wurde“, Z. 34 f.) und somit als Wegbereiter einer wichtigen Richtung der Philosophie des 20. Jahrhunderts. Damit ordnet Safranski Schiller in den Kontext des europäischen Geisteslebens ein und verzichtet auf eine patriotisch-nationale Ausrichtung.

Fazit

- In der Beurteilung Schillers durch die beiden Autoren wird ein unterschiedlicher Umgang mit der deutschen Kulturgeschichte deutlich: Kellermann macht aus Schiller einen nationalgeschichtlichen Helden, beinahe einen Mythos, der als Abschluss einer Entwicklung ein exemplarisches Vorbild für uns sein könnte. Safranski verortet Schiller innerhalb eines philosophischen Diskurses über die Bedeutung von Freiheit, den er als noch nicht abgeschlossen darstellt.

Formulierung einer eigenen Meinung

- Safranskis Urteil ist nüchterner und spricht für einen aufgeklärten Umgang mit Literaturgeschichte. Dadurch wirkt es zeitgemäßer als die patriotischen Ausführungen Kellermanns zur Literaturgeschichte. Dessen Position lässt die Frage aufkommen, was nach Schiller (und Goethe) überhaupt noch kommen könnte, da mit dem vermeintlichen Höhe- auch der Endpunkt der Geistesgeschichte erreicht zu sein scheint. Safranski dagegen geht von einer fortdauernden Entwicklung aus, indem er zeigt, wo Schiller Fragen gestellt und Antworten formuliert hat, die uns teilweise heute noch beschäftigen, v. a. die jüngere Generation.

Schnell-Check Vergleichende Sachtextanalyse

Aufgabe	Aufgabentyp			Trainingstipps
a	**Vergleichend analysieren** ■ Argumentation ■ Sprachliche Gestaltung			Anhand zweier ausgewählter Texte: ■ Texte auf Grundlage vorgegebener Aspekte einander gegenüberstellen, Ähnlichkeiten und Unterschiede benennen ■ Katalog sprachlicher Gestaltungsmittel und inhaltlich-argumentativer Strukturen wiederholen ■ Welche Funktion haben Vergleiche und Metaphern (welche Assoziationen wecken sie)? ■ Stilebenen bzw. stilistische Unterschiede kennen und identifizieren
b	**Erarbeiten** ■ Beurteilen			Anhand eines Textes: ■ In Sinnabschnitte gliedern ■ Sinnabschnitte verschiedenen Aspekten zuweisen ■ Sach- und Werturteile identifizieren ■ Zeitbedingtheit von Urteilen erkennen ■ Angemessenheit eines Werturteils diskutieren, eigene Meinung bilden

G8 MUSTERPRÜFUNG ERÖRTERUNG

Aufgabentyp	Verfassen einer materialgestützten Erörterung
Material	Jens Jessen: *Die verkaufte Sprache* (2007) Hadumod Bußmann: *Lexikon der Sprachwissenschaft* (2008) Werbeplakat Berliner Stadtreinigung
Textsorte	Nicht fiktionale Texte: Essay, Sachtext; Werbeplakat
Thema	Sprachbetrachtung

Verfassen einer materialgestützten Erörterung

Aufgabe

Nehmen Sie Stellung zu der Notwendigkeit, den Möglichkeiten und den Grenzen der Sprachpflege in der heutigen Zeit! Beziehen Sie sich bei Ihren Ausführungen auch auf die beigefügten Bild- und Textmaterialien!

Material 1: Jens Jessen *Die verkaufte Sprache*

Aus dem Kreis der Weltsprachen ist das Deutsche schon verschwunden. Nun wird es auch in sciner Heimat zum Sanierungsfall.

Es gibt einen Typus des übellaunigen, heimattümelnden Sprachschützers, dem man nicht im Dunklen begegnen möchte. Aber es gibt auch Gründe, im hellen Mittagslicht der aufgeklärten Vernunft Sorge um den Bestand der deutschen Sprache zu empfinden. Warum ist auf Bahnhöfen kein Schalter für Auskünfte, sondern ein *Service Point?* Was hat der englische Genitiv-Apostroph in *Susi's Häkelstudio* zu suchen? Welcher Teufel trieb eine deutsche Wissenschaftsministerin zu einer Kampagne mit dem Motto *„Brain up“,* was weder auf Deutsch noch auf Englisch Sinn ergibt?
Die Überflutung mit englischen Wendungen ist nur ein, wahrscheinlich der kleinste Teil des Problems. Der größere Teil besteht in ihrer kenntnislosen Aneignung zu dekorativen Zwecken. Viel spricht dafür, den Geist einer aufschneiderischen Werbung dabei am Werk zu sehen. Die deutsche Bahn will sich nicht nur technisch modernisieren; sie will auch modern wirken. Dass ihre sprachliche Modernisierung ein *fake* ist (um ein gutes englisches Wort zu verwenden), scheint ihr egal zu sein. Ähnliches gilt für ihre Neigung, jede Neuigkeit à tout prix *kommunizieren* zu müssen, anstatt sie einfach mitzuteilen.
Der Ausdruck *à tout prix* ist übrigens aus einer älteren Epoche überkommen. Den Import von

französischen Wendungen des 18. Jahrhunderts hat das Deutsche allerdings gut überstanden. Die meisten Ausdrücke sind wieder verschwunden; die übrigen haben sich bis zur Unkenntlichkeit in den Wurzelbestand des Deutschen eingemoost. Von der erfolgreichen Anverwandlung zeugt sogar die Wortbildung: Die Endung *-ieren,* die ursprünglich dazu diente, französische Verben einzudeutschen *(parlieren),* wurde bald auch zu Neubildungen mit deutschen Wortstämmen benutzt *(spintisieren, verlustieren).*

Um sprachschützerische Einfalt von berechtigter Sorge zu trennen, muss man sich klarmachen, dass Deutsch seit Langem eine Hybridsprache ist, die nicht nur Fluten fremder Wörter aufgenommen hat, sondern auch in ihrer Grammatik mehrfach überformt wurde. Den Anfang machten Mönche des Mittelalters, die zahllose Lehnbildungen nach lateinischem Vorbild prägten - berühmtes Beispiel ist die Neubildung *Gewissen* nach lateinisch *conscientia.* Den zweiten Schub besorgten Humanismus und Reformation, als die Syntax dem Lateinischen anverwandelt wurde. Man vergleiche die einfachen Satzmuster des Mittelhochdeutschen mit dem Frühneuhochdeutschen, erst recht aber mit dem barocken Deutsch, in dem die Hypotaxen, die Partizipialkonstruktionen und Verschachtelungen geradezu explodieren. Die Sprache eines Kleist oder Hegel wäre ohne diese syntaktische Überfremdung nicht denkbar.

Daraus folgt freilich keine Entwarnung für die Gegenwart. Denn die früheren Übernahmen haben das Deutsche komplexer, reicher, intellektueller und expressiver, philosophischer und dichterischer, auch wissenschaftsfähiger gemacht. Unter dem Einfluss des globalisierten Englisch aber vollzieht sich eine geradezu atemberaubende Simplifizierung. Die englischen oder pseudoenglischen Ausdrücke kommen nämlich nicht einfach hinzu, sie ersetzen auch nicht nur deutsche Wörter, was schlimmstenfalls überflüssig wäre. Sie verdrängen vielmehr die natürliche Wortbildung des Deutschen, die keinerlei Schwierigkeiten mit Neologismen hätte, weil sie mit ihrer Leichtigkeit der Wortzusammensetzung sonst nur im Altgriechischen einen Vergleich hat.

Es scheint aber, dass die Eigenarten des Deutschen inzwischen selbst zum Ärgernis geworden sind, vielleicht schon als Standortrisiko gelten. Das Hauptärgernis lässt sich freilich nur schlecht leugnen. Es gibt, mit Schweiz, Österreich und Südtirol, kaum 100 Millionen Sprecher des Deutschen. Das Englische, jedenfalls in seiner globalisiert heruntergekommenen Spielart, wird dagegen auf der ganzen Welt verstanden. Es hat daher seine Logik, wenn sich der Gebrauch des Deutschen aus der Wissenschaft zurückzieht, die auf weltweiten Austausch angewiesen ist. Aber muss deshalb neu gegründeten Universitäten in Deutschland gleich das Englische als Unterrichtssprache aufgezwungen werden? Manches spricht dafür, dass hier nicht internationale Konkurrenz, sondern ein Zeitgeistopportunismus am Werk ist, der das Deutsche wie eine überholte Technologie ablegen will. Denn es sind ja nicht Amerikaner, die uns ihre Wörter aufzwingen. Es sind Deutsche, die in ihrer Bewunderung für alles Amerikanische mit der transatlantischen Praxis zugleich die Begriffe dafür mitbringen - wie Geschenke, die glitzernd verpackt werden müssen, damit ihrem dürftigen Inhalt Respekt gezollt werde.

Es lohnt sich, bei der Psychologie des Sprachimporteurs zu verweilen. Es ist nicht deutscher

Selbsthass, der ihn antreibt, wie manche Sprachschützer meinen. Der Sprachimporteur ist vor allem ein Marketingexperte in eigener Sache. Er will angeben mit der frisch erworbenen Kenntnis, er kehrt ins verschnarchte Dorf seines Ursprungs zurück und brilliert dort im Glanze seiner Glasperlen, die er den zurückgebliebenen Landsleuten andrehen will. Die Undeutlichkeit und die Euphemismen des Business-Englisch sind kein Mangel, sie sind die Voraussetzung des betrügerischen Tuns. So werden dem *Trainee* (deutsch: Lehrling) die *Karriere-Optionen eröffnet* (deutsch: Hoffnungen gemacht), zum *Asset Manager* (deutsch: Kaffeekocher) aufzusteigen. Unvergessen ist der Bertelsmann-Chef Thomas Middelhoff, dessen Lieblingsmotto *„Speed, speed, speed“* lautete und der selbst im internen Schriftverkehr seine leitenden Angestellten anwies, englisch zu schreiben.

Es ist nicht so, dass überpersönliche Mächte für den Unfug verantwortlich wären. Es sind identifizierbare Sprecher, die der Sprache Gewalt antun, und nur selten unterläuft es ihnen. In den allermeisten Fällen ist, was uns ärgert, auch beabsichtigt. Der Business-Schwafler will uns ein X für ein U vormachen. Der Vergleich mit den Glasperlen ist nicht zufällig gewählt. Der Sprachimporteur handelt mit Waren, die in ihrem Herkunftsland bereits als wertlos gelten. Über die Ausdrucksweise der PowerPoint-Präsentationen wird in den USA längst gespottet.

Der Geist eines ridikülen Marketings, der in der Managersprache steckt, will Exklusivität, die elitäre Anmutung eines arkanen Wissensvorsprungs. Den Zweck der Ausschließung teilt sie mit der Jugendsprache, der es seit alters darum geht, sich von der Erwachsenenwelt abzuschotten. Töricht wäre es, sich über Kürzel aufzuregen, die von den Eltern nicht verstanden werden - denn das ist ihr Sinn. Es fragt sich allerdings, was von Geschäftsleuten zu halten ist, die sich wie Kinder gebärden, die Erwachsene verblüffen und ärgern wollen.

Es liegt bei uns, die Antwort zu formulieren. Es liegt in der Macht jeden einzelnen Sprechers, die Zukunft des Deutschen zu gestalten. Das unterscheidet marodes Deutsch etwa von einem maroden Kernkraftwerk, das nur Experten reparieren können. Das Deutsche wird nicht sterben, es sei denn, die Deutschen wollen es. Es sei denn, sie kapitulieren vor der Werbung, vor der Geschäftssprache, vor dem kollektiven Hass auf alles Komplizierte, den die Medien nähren. Aber selbst wenn das Deutsche stürbe - es würde als tote Sprache weiterleben, als eine Art Griechisch oder Latein der Neuzeit. Die Zahl kanonischer Autoren, von Philosophen wie Dichtern, wird den Gelehrten das Deutsche immer attraktiv erhalten. Das ist vielleicht kein Trost - aber ein Gedankenspiel, das uns Heutigen Respekt vor der achtlos malträtierten Umgangssprache einflößen sollte.

(DIE ZEIT, 26.07.2007 Nr. 31)
http://www.zeit.de/2007/31/Deutsch-Aufmacher [zuletzt aufgerufen am 01.07.2010]

Material 2

Sprachpflege. Form der → Sprachlenkung: „beratende Bemühung" um die Verbesserung des Sprachgebrauchs bzw. der sprachlichen Kompetenz (Greule & Ahlvers-Liebel [1986]). Die moderate S. beruht auf wissenschaftlicher Sprachkritik, ihre Kriterien sind funktionale, strukturelle, soziale, historische (z.B. in der Fremdwort-Diskussion), aber auch ästhetische, kulturkritische (Korn [1962]) oder politische (z.B. in der Planungsphase der Rechtschreibreform). Die S. ist in Frankreich institutionalisiert (Académie Française), in Deutschland gehören S. und Sprachberatung zum Tätigkeitsfeld des „Instituts für Deutsche Sprache" (Mannheim), der Redaktion des → Duden am „Bibliographischen Institut" und der „Gesellschaft für Deutsche Sprache" (GfdS), dem Nachfolgeinstitut des puristisch und politisch ausgerichteten „Allgemeinen Deutschen Sprachvereins".

[...]

Aus: Hadumod Bußmann, Lexikon der Sprachwissenschaft, Stuttgart: Kröner, 4. Auflage 2008.

Material 3

BSR: Berliner Stadtreinigung
http://www.fontblog.de/picts/we_kehr.jpeg [zuletzt aufgerufen am 01.07.2010]

LÖSUNGSVORSCHLAG ERÖRTERUNG

Lösungsvorschlag
Verfassen einer materialgestützten Erörterung

Aufgabe

Nehmen Sie Stellung [...] Beziehen Sie sich ...

> **HINWEIS** Sie sollen keine vollständige Analyse der vorliegenden Texte vornehmen, sondern die Texte nur so weit heranziehen, wie es in der Themenstellung vorgegeben ist. Arbeiten Sie wichtige inhaltliche und argumentative Aspekte so heraus, dass Sie eine eigene Stellungnahme verfassen können, die zustimmend, ablehnend oder teilweise zustimmend/ablehnend angelegt ist. Damit geben die Texte auch Anregung und Hilfestellung für Ihre eigene Reflexion.

Lösungsschritte

1	Die Aufgabenstellung gründlich durchlesen und die Operatoren markieren
2	Die Texte (Material 1 und 2) mindestens zweimal aufmerksam lesen und Randbemerkungen entsprechend der Aufgabenstellung notieren; Material 3 betrachten und auswerten. Auf der Grundlage des Materials und der persönlichen Kenntnisse eine Stoffsammlung erstellen und kritisch sichten.
3	Eine Gliederung erstellen; dabei begründete Beispiele berücksichtigen und auf die vorgelegten Materialien Bezug nehmen
4	Den Text entwerfen und auf Überleitungen achten
5	Den Text im Hinblick auf eine logisch nachvollziehbare Struktur, einen angemessenen Ausdruck, Rechtschreibung und Grammatik überprüfen

Stichpunktlösung

Allgegenwärtiger Sprachwandel

- Sprache hat sich in Wort und Schrift über Jahrhunderte entwickelt, da Denken und Handeln sich über Sprache offenbaren und der Mensch das Bedürfnis hat, verstanden zu werden
- Im Sprachwandel drückt sich die Lebendigkeit und Dynamik einer Sprache aus; Gegenbeispiel Latein: keine Veränderungen mehr, da tote Sprache

- Hier zeigt sich die Fähigkeit einer Sprache, neue Einflüsse aufzunehmen und sie zu integrieren (z. B. Mönche des Mittelalters, Zeitalter des Humanismus und der Reformation)
  - Syntax wurde der lateinischen Sprache angepasst
  - Bedeutung Luthers: Bibelübersetzung aus dem Lateinischen und dessen Einfluss auf Wortschatz, Idiomatik und Grammatik
  - Flucht der Hugenotten aus Frankreich und Einfluss der französischen Sprache im 18. Jahrhundert besonders auf den politischen, juristischen Wortschatz und auf die Wortbildung (Material 1, Z. 16 – 21, Z. 24 – 31)
- Sprachwandel ist eine Notwendigkeit, um auf neue Entwicklungen im sozialen, politischen, wissenschaftlichen/technologischen und ökonomischen Bereich sprachlich angemessen reagieren zu können
  - Beeinflussung des sozialen und kulturellen Lebens in Deutschland durch die Besatzungsmächte (z. B. durch Filme und Musik); Dominanz des englischen, amerikanischen Einflusses auf die deutsche Sprache in den westlich besetzten Zonen; Dominanz des russischen Einflusses in der östlich besetzten Zone
  - Globalisierung
  - Neue wissenschaftliche Entdeckungen/neue Technologien und Medien wie Telefon, Internet, E-Mail etc.
- Sprachwandel ist ein Zeichen von Kreativität und bereichert den Wortschatz
  - Jugendsprache
  - Einfluss von Idiolekten und regionalen Dialekten auf die Standardsprache
- Sprachwandel geschieht durch Normierung
  - Herausgabe von Wörterbüchern und Grammatiken
  - Rechtschreibreform (1996/2006)
  - Politisch korrekte Begriffe ersetzen oder verdrängen vorhandene, diffamierende Wörter

Notwendigkeit der Sprachpflege heute

Bedeutung der Sprache als Kommunikationsmittel

- Sprache in Wort und Schrift ist ein notwendiges und grundlegendes Kommunikationsmittel jeder Gesellschaft
- Gegenwärtige Tendenzen der Sprachentwicklung, wie in Material 1 geschildert, lassen Probleme der Deutschen im Umgang mit ihrer eigenen Sprache deutlich werden
  - durch falschen Gebrauch der eigenen Sprache
  - durch übermäßige und häufig unangebrachte Verwendung der englischen Sprache
  - durch Fremdwortüberfrachtung

- Resultat: Verlust der allgemeinen Kommunikationsfunktion von Sprache
- Sprachverfall durch falschen Gebrauch der eigenen Sprache in Politik, Wirtschaft, Verwaltung und Medien
  - Unverständliche Verwaltungssprache, falsche Grammatik (z. B. falscher Gebrauch von Konjunktionen)
  - Simplifizierung von Wortschatz, Grammatik und Syntax sowie Orientierung an Idiolekten, Soziolekten (z. B. Verzicht auf Artikel und Präpositionen, falscher Numerusbezug in der Werbung: „Du bist Deutschland." „Wir sind Papst.")
  - Einfluss der neuen Medien: Internet-Sprache führt zu Verkürzung der Sprache, Aufweichung der Sprachregister, Verwendung von Emoticons, Smileys, Akronymen sowie Verkürzung der Sender-Empfänger-Zeit und damit der Zeit, in der über das Geschriebene reflektiert wird
- Sprachverfall durch Überfrachtung mit Fremdwörtern und Anglizismen und durch falsch verstandenen Globalisierungsgedanken, welcher der deutschen Sprache keinen Raum mehr lässt
  - Verwendung von Business-Englisch anstelle von konkreten, bekannten Begriffen zur Verschleierung wichtiger Tatsachen, zur Aufwertung von Institutionen, Aufgabenbereichen etc. (Material 1, Z. 60 – 64), zur Vortäuschung von Modernität (z. B. „Service Point" bei der Deutschen Bahn, Werbeslogan verschiedener Fernsehsender: „Colour your Life", „We love to entertain you")
  - Verwendung von Denglisch und Aufweichung des Wortschatzes beider Sprachen (Englisch und Deutsch), sodass eine Pseudosprache entsteht (Material 3, „We kehr for you")
  - Übertragung von Grammatikmustern aus dem Englischen in die deutsche Sprache (z. B. Genitiv-s mit Apostroph oder Ersatz des eigentlichen Genitivs durch Konstruktion mit „von", die der Konstruktion mit „of" in der englischen Sprache entspricht)
- Mögliche Ursachen für die Dominanz der englischen Sprache
  - Globalisierungsprozess: Englisch als Weltsprache
  - Daraus resultierende Gültigkeit des Englischen als Wissenschaftssprache und Rückzug der deutschen Sprache aus der Wissenschaft (Material 1, Z. 45 – 47)
  - Englisch als PC-Sprache/Internet-Sprache (z. B. Chatroom, E-Mail etc.)
- Regionalisierung als neue Komponente der Globalisierung führt zu verstärkter Pflege von Dialekten, um die individuelle Zugehörigkeit zu einer Region zu verdeutlichen; Folge ist die erschwerte Kommunikation mit Sprechern anderer Dialektgruppen

Möglichkeiten der Sprachlenkung

- Sprachpflege definiert sich laut *Lexikon der Sprachwissenschaft* (Material 2) als „Form der Sprachlenkung“, als „‚beratende Bemühung‘ um die Verbesserung des Sprachgebrauchs bzw. der sprachlichen Kompetenz“
- Das Lexikon grenzt Sprachpflege auf „Sprachpflege von oben“ ein; lässt die „Sprachpflege von unten“ außer Acht, d. h. das Bedürfnis der Menschen nach richtiger Sprachverwendung
- Schwierigkeit der Definition einer allgemein gültigen Sprachnorm, da sie der jeweiligen Sprech- und Schreibsituation anzupassen ist
- Daraus resultiert die Diskrepanz zwischen Sprachnorm und Sprachrealität (z. B. Soziolekte, regionale Dialekte, Fachsprachen)

Institutionalisierte Möglichkeiten

- Ziel: Verbesserung des Sprachwissens und der richtigen Sprachverwendung
- Grundlagen sind die Rechtschreib- und Grammatikwerke zur deutschen Sprache (Duden, Wahrig etc.)
- Hauptinstrument der Sprachpflege ist, entgegen der o. g. Definition, die Sprachkritik
- Aktionen der „Stiftung Deutsche Sprache“ und der „Gesellschaft für Deutsche Sprache“ üben direkt Sprachkritik und wenden sich gegen sachlich unangemessene oder die Menschenwürde verletzende Wörter (z. B. „Humankapital“, Unwort des Jahres 2005)
- Für solche Aktionen werden neue Medien genutzt, um neue Zielgruppen zu gewinnen und der Verrohung der Sprache entgegenzuwirken
- Die Anzahl der kritischen populärwissenschaftlichen Werken zur Sprachverwendung nimmt zu (z. B. Bastian Sick: *Der Dativ ist dem Genitiv sein Tod;* Bodo Mrozek: *Lexikon der bedrohten Wörter*)
- Kolumnen der großen Tageszeitungen greifen sprachliche Missstände auf und kommentieren sie (z. B. Zwiebelfisch-Kolumne des Spiegel); es ist jedoch fraglich, ob diese Art der Sprachkritik tatsächlich zu einer verbesserten Sprachverwendung führen wird
- Zunahme der Sprachberatungsstellen an den Universitäten sowie der telefonischen Sprachberatung (Duden-/Wahrig-Redaktion), um dem Bedürfnis der Bevölkerung nach der richtigen Verwendung von Sprache gerecht zu werden
- Rechtschreibreformen als Mittel der Sprachpflege und um eine einheitliche Schreibung und somit Verständlichkeit zu gewährleisten
- Eine teilweise Zurücknahme von Regeln, wie bei der letzten Rechtschreibreform geschehen, erhöht den Unsicherheitsfaktor und führt zu einem Mangel an Akzeptanz in der Bevölkerung

- Die Einführung einer „Deutschquote" im Radio ist unrealistisch, da dies eine Einschränkung der Medienfreiheit bedeuten würde

Spracherziehung zu Hause, in Kindergarten und Schule

- Eine bedeutende Rolle im Spracherziehungsprozess liegt bei den Eltern sowie bei Kindergarten und Schule, da mit Sprache gleichzeitig kulturelle, soziale und historische Werte vermittelt werden; Sprache hat eine Schlüsselfunktion in der Entwicklung des Menschen
- Vorbildwirkung der Eltern; frühzeitiges richtiges Sprechen mit Kindern fördert den richtigen Einsatz von Sprache und auch das Denken
- Kindergärten sind notwendig für die Spracherziehung, um allen Kindern einen angemessenen Übergang in die Schule zu ermöglichen und Defizite bei der Sprachentwicklung auszugleichen, besonders bei Kindern aus Familien, deren Alltagssprache nicht Deutsch ist
- Eruierung der Sprachstandsentwicklung im Rahmen der Schuleingangsuntersuchung
- In der Schule findet die primäre Sprachvermittlung statt
- Zur Förderung der bewussten Sprachverwendung muss im Deutschunterricht, aber auch in anderen Fächern, die angemessene Sprachverwendung eingefordert werden, denn Sprache ist die Voraussetzung für Denken und Lernen, für das Formulieren von Gedanken und Zusammenhängen
- Pflege der deutschen Sprache im Ausland geschieht durch die Goethe-Institute sowie durch viele andere Institutionen, die Sprachkurse anbieten
- Die Forderung nach Verankerung der Sprachpflege im Grundgesetz ist
  - sinnvoll, da die Pflege der Sprache in staatliche Obhut gegeben würde; auf diese Weise Sicherstellung der mit der Sprache verbundenen Werte und Förderung eines nationalen Gedankens
  - nicht sinnvoll, da eine starke Reglementierung der eigenständigen Entwicklung und der Kreativität von Sprache entgegenwirken würde, was zu einer erheblichen Störung der Identifikation mit der eigenen Sprache führen könnte; intendierter nationaler Gedanke könnte sich ins Gegenteil verkehren
- Sprachpflege ist ein Prozess, der von den Sprechern zuerst selbst vollzogen werden muss, um weitreichende Akzeptanz zu erreichen

Grenzen der Sprachlenkung

- Einfluss und Bedeutung der modernen Medien als Mittel der Kommunikation und Informationsquellen werden weiter zunehmen, besonders die Kommunikation via Internet
- Eine Sprachlenkung ist wegen der Unüberschaubarkeit der Daten im Internet fast unmöglich; interne Kontrollmechanismen sind kaum vorhanden (z. B. Wikipedia)

- Negative Vorbilder der Medien: Falsche Verwendung von Sprache bleibt unkommentiert
- Die Verselbstständigung der Fachsprachen kann nicht aufgehalten werden; bei neueren technologischen Entwicklungen werden hauptsächlich englische Begriffe geprägt (vgl. z. B. Computer, Software, Hardware, Modem)
- Durch die Globalisierung wird die Bedeutung von Englisch als Lingua franca weiter zunehmen; bei einer zunehmenden Verflechtung der nationalen Ökonomien ist eine gemeinsame Sprache Voraussetzung, um Verständigung zu ermöglichen
- Die Forderung einiger „Sprachpuristen" nach komplettem Ersatz der Anglizismen ist unrealistisch und ineffektiv für den weltweiten Handel
- Übersetzungen müssen präzise erfolgen, damit der Sinn nicht verloren geht; deshalb sind Rückgriffe auf Fremdwörter und Anglizismen z. T. unabdingbar
- Sprache als lebendiger Organismus wird von den Sprechern in vielfältigen Situationen geprägt; Eigenständigkeit und Kreativität sind nicht vorhersehbar und lenkbar
- Die bedeutendste Grenze der Sprachlenkung ist der Mensch selbst; wenn keine Bereitschaft zur korrekten Sprachverwendung vorhanden ist, wenn der Mensch kapituliert „vor der Werbung, vor der Geschäftssprache, vor dem kollektiven Hass auf alles Komplizierte" (Material 1, Z. 80 – 81), dann wird Deutsch als Sprache sterben

Relativierung des Sinns der Sprachpflege

- Sprachpflege in der heutigen Zeit ist aufgrund der Globalisierung notwendig, um eine Regionalisierung und Identifikationsmöglichkeit von Menschengruppen zu gewährleisten
- Sprache bietet die Möglichkeit, eigene Werte und Traditionen zu bewahren und weiterzugeben
- Sprache besitzt das Potenzial, Fremd- und Lehnwörter aufzunehmen, ohne dass sie von diesen verdrängt wird (Möglichkeit der Spracherweiterung)
- Sprache kann zudem nicht mehr benötigte Wörter verdrängen bzw. ersetzen (Möglichkeit der Sprachbereinigung)
- Ein genaues Abwägen des sprachpflegerischen Eingreifens ist notwendig, um einerseits Fremdwörter nicht komplett zu ersetzen, aber andererseits auch genau abzuwägen, wann es angebracht ist, diese zu vermeiden, damit die allgemeine Verständlichkeit der Sprache und somit ihre Funktion als Kommunikationsmittel gewahrt bleibt

> **TIPP** Achten Sie darauf, Ihren Standpunkt fundiert darzulegen. Greifen Sie dazu auf die vorliegenden Materialien sowie Ihr Wissen aus dem Unterricht zurück.

Schnell-Check Erörterung

Aufgabentyp	☺	☹	Trainingstipps

Eine Erörterung materialgestützt verfassen
■ Stellung nehmen
■ Formale Kriterien
			■ Operatoren wiederholen und sich deutlich machen, welche Leistung jeweils gefordert ist
			■ Eine Stoffsammlung zu einem selbst gewählten Thema anlegen
			■ Eine Gliederung anlegen
			■ Eine materialgestützte Erörterung aufbauen:
			  ■ Einleitung verfassen
			  ■ Argumente finden gemäß der zuvor festgelegten Struktur des Hauptteils
			  ■ Schlussteil ausformulieren
			■ Eine persönliche Stellungnahme in den Text integrieren

■ Inhaltliche Kriterien			■ Anhand von Lehrwerken Kriterien der Erörterung rekapitulieren (s. beispielsweise: *Texte, Themen und Strukturen,* Kapitel „Erörterndes Schreiben") ■ Sich allgemein informieren über aktuelle politische, ökonomische, gesellschaftliche Ereignisse und Zusammenhänge (z. B. über Tagespresse, Online-Ausgaben der Printmedien wie www.spiegel-online.de etc.)

G8 MUSTERPRÜFUNG KOMMENTAR

Aufgabentyp	Verfassen eines Kommentars auf der Grundlage eines Sachtextes
Material	Umberto Eco: *Einführung zu* Die Geschichte der Schönheit (2004) Christian Schüle: *Lauter kleine Dorian Grays* (2002) Angelus Silesius: *Die kluge und törichte Schönheit* (1657) Friedrich Schiller: *Die schönste Erscheinung* (1797)
Textsorte	Nicht fiktionale Texte: Essay, Sachtext; Gedicht
Thema	Schönheit; Schönheitsoperationen; Barock; Klassik

Verfassen eines Kommentars auf der Grundlage eines Sachtextes

Aufgabe a

Verfassen Sie eine strukturierte Inhaltsangabe zu dem Beitrag von Umberto Eco (Material 1)!

Aufgabe b

Schreiben Sie ausgehend von Ihren Ergebnissen und unter Einbeziehung der weiteren Materialien einen inhaltlich und sprachlich eigenständig formulierten Kommentar zum Thema „Schönheit" in der Gegenwart! Wählen Sie dazu eine passende Überschrift! Ihr Text sollte ca. 750 Wörter umfassen.

Material 1: Umberto Eco *Einführung zu* Die Geschichte der Schönheit

„Schön" ist - neben „anmutig", „hübsch" oder auch „erhaben", „wunderbar", „prächtig" und ähnlichen Wörtern - ein Adjektiv, das wir oft benutzen, um etwas zu bezeichnen, das uns gefällt. Es scheint, so gesehen, als wäre das, was schön ist, identisch mit dem, was gut ist, und tatsächlich gab es in verschiedenen Epochen der Geschichte eine enge Verbindung zwischen dem Schönen und dem Guten.

Wenn wir jedoch nach unseren Alltagserfahrungen urteilen, neigen wir dazu, als gut nicht nur das zu bezeichnen, was uns gefällt, sondern auch das, was wir gerne hätten. Zahllos sind die Dinge, die wir als gut beurteilen - eine erwiderte Liebe, ehrlich erworbener Reichtum, ein erlesener Leckerbissen -, und in all diesen Fällen *würden wir uns wünschen,* dieses Gut zu besitzen. Es ist ein Gut, das unser Verlangen reizt. Auch wenn wir eine tugendhafte Tat als gut beurteilen, würden wir sie gern selbst getan haben, oder wir nehmen uns vor, etwas ebenso Verdienstvolles zu tun, angespornt von dem Beispiel, das wir als gut bewerten.

Oder wir nennen etwas gut, das einem idealen Prinzip entspricht, aber Leiden kostet, wie der ruhmreiche Tod eines Helden, die hingebungsvolle Sorge für einen Leprakranken, die Opferung des eigenen Lebens, wenn eine Mutter ihr Kind rettet ... In diesen Fällen erkennen wir an, dass die Sache gut ist, aber aus Angst oder Egoismus möchten wir nicht in eine solche Situation geraten. Wir anerkennen die Sache als etwas Gutes, das jedoch anderen gehört und das wir mit einer gewissen Distanz betrachten, wenn auch mit Empathie, aber ohne uns wirklich danach zu sehnen. Um eine tugendhafte Handlung zu bezeichnen, die wir lieber bewundern als selbst vollbringen, sprechen wir oft von einer „schönen Tat".

Wenn wir über die distanzierte Haltung nachdenken, die uns erlaubt, etwas als schön zu bezeichnen, das nicht unser Verlangen reizt, so verstehen wir, dass wir von Schönheit sprechen, wenn wir etwas als das genießen, was es ist, unabhängig davon, ob wir es besitzen. Sogar eine gut gemachte Hochzeitstorte, die wir im Schaufenster einer Konditorei bewundern, kann uns schön erscheinen, auch wenn wir sie aus Gesundheitsgründen oder aus Appetitlosigkeit nicht haben wollen. Schön ist etwas, über das wir, wenn es uns gehörte, glücklich wären, aber das auch schön bleibt, wenn es einem anderen gehört. Natürlich lassen wir hier die Haltung derer außer Betracht, die beim Anblick von etwas Schönem, wie dem Bild eines großen Malers, es zu besitzen wünschen, sei's aus Besitzerstolz oder um es jeden Tag zu betrachten oder weil es einen großen materiellen Wert hat. Diese Formen der Leidenschaft - Eifersucht, Besitzwunsch, Neid oder Habgier - haben nichts mit dem Sinn für das Schöne zu tun.

Der Verdurstende, der eine Quelle findet und sich sofort darauf stürzt, um zu trinken, hat kein Auge für die Schönheit. Er kann sie später bewundern, wenn er seinen Durst gestillt hat. Deswegen ist der Sinn für Schönheit etwas anderes als das Begehren. Man kann eine Person wunderschön finden, auch wenn man sie nicht sexuell begehrt oder wenn man weiß, dass man sie niemals wird besitzen können. Begehrt man dagegen eine Person (die überdies auch hässlich sein könnte) und kann die erhofften Beziehungen mit ihr nicht haben, so leidet man.

In diesem Überblick über die wechselnden Vorstellungen von der Schönheit durch die Jahrhunderte werden wir daher versuchen, vor allem jene Fälle festzuhalten, in denen eine bestimmte Kultur oder historische Epoche anerkannt hat, dass es Dinge gibt, die wir als angenehm zu betrachten empfinden, unabhängig von dem Begehren, das wir bei ihrem Anblick verspüren. In diesem Sinne werden wir nicht von einer vorgefassten Idee des Schönen ausgehen, sondern werden uns ansehen, welche Dinge die Menschen im Lauf der Jahrtausende als schön empfunden haben. Ein anderes Kriterium, das uns leiten wird, ist der Umstand, dass das enge Verhältnis, das die Epoche der Neuzeit zwischen Schönheit und Kunst hergestellt hat, nicht so selbstverständlich ist, wie wir glauben. Wenn gewisse moderne Theorien der Ästhetik nur die Schönheit der Kunst anerkannt und die Schönheit der Natur unterschätzt haben, war es in anderen Epochen umgekehrt: Schönheit war eine Eigenschaft, welche dic natürlichen Dinge haben konnten (ein schönes Mondlicht, eine schöne Frucht, eine schöne Farbe), während die Kunst nur die Aufgabe hatte, das, was sie machte, *gut* zu machen, damit es dem Zweck diente, für den es bestimmt war - so sehr, dass als Kunst sowohl die Tätigkeit des Malers und des Bildhauers als auch die des Bootsbauers, des Schreiners oder des Barbiers betrachtet wurde. Erst sehr viel später hat man, um Malerei, Bildhauerei und Architektur von dem zu unterscheiden, was wir heute Handwerk nennen würden, den Begriff der Schönen Künste entwickelt.

Dennoch werden wir sehen, dass das Verhältnis von Schönheit und Kunst oft ambivalent bestimmt worden ist, denn auch wenn man die Schönheit der Natur vorzog, hat man eingeräumt, dass die Kunst imstande ist, Natur schön darzustellen, selbst wenn die dargestellte Natur an sich gefährlich und abstoßend war. [...]

Aus: Umberto Eco, Die Geschichte der Schönheit, München 2004: Hanser, S. 8 ff.

Material 2: Christian Schüle *Lauter kleine Dorian Grays*

„[...] 1999 wurden in Deutschland 500000 Schönheitsoperationen durchgeführt, im Jahr 2000 waren es bereits fast doppelt so viele, Tendenz steigend. Wären sie deutlich preisgünstiger und würden von den Krankenkassen bezahlt, heißt es, zählten Schönheitsoperationen bald zu den häufigsten medizinischen Eingriffen überhaupt. Der wegoperierte Nasenhöcker, das abgesaugte Hüftfett, das Face-Lifting, Kollageninjektionen, verschlankte Schenkel und Autobiorecycling sind bei Frauen wie zunehmend Männern und vor allem bei Teenagern gang und gäbe. Beliebt sind Geschenkgutscheine für den Ego-Kick, um endlich Britney Spears oder Gwyneth Paltrow oder Brad Pitt ein wenig ähnlicher zu werden und die eigene sexuelle Attraktivität zu stärken. Angeblich quälen sich zwei Drittel aller 13- und 14-Jährigen „mit einem Makel, über den sie nicht sprechen möchten", so die Ärzte Zeitung. [...]"

http://www.zeit.de/2002/02/Lauter_kleine_Dorian_Grays [zuletzt aufgerufen am 01.07.2010]

Material 3: Angelus Silesius *Die kluge und törichte Schönheit;* Friedrich Schiller *Die schönste Erscheinung*

Die kluge und törichte Schönheit

Die kluge Jungfrau hat ihrn Schmuck in sich allein;
Die Törin denkt sich schön in schönen Kleidern sein.

Die schönste Erscheinung

Sahest du nie die Schönheit im Augenblicke des Leidens,
Niemals hast du die Schönheit gesehn.
Sahst du die Freude nie in einem schönen Gesichte,
Niemals hast du die Freude gesehn!

LÖSUNGSVORSCHLAG KOMMENTAR

Lösungsvorschlag
Verfassen eines Kommentars auf der Grundlage eines Sachtextes

Aufgabe a

Verfassen Sie eine strukturierte Inhaltsangabe ...

HINWEIS Obwohl es sich um zwei deutlich getrennte Teilaufgaben handelt, wird eine geschlossene Darstellung gefordert. Sie müssen also zuerst eine Einleitung schreiben, die allgemein in das Thema einführt. Dann folgt die strukturierte Inhaltsangabe und ohne Überleitung unmittelbar darauf der Kommentar mit einer eigenen Überschrift. Ihr Aufsatz endet mit dem Schlussteil des Kommentars, ohne allgemeinen Schlussteil.
Der erste Block, die strukturierte Inhaltsangabe, ist Vorbereitung des zweiten Teils. Hier sollen Sie die Gedanken des vorliegenden Textes mit eigenen Worten strukturiert und zusammengefasst wiedergeben. Anders als bei einer Sachtextanalyse wird nicht erwartet, dass Sie die Argumente, die Art der Argumente, ihren Aufbau und ihre Qualität darstellen und beurteilen. Ebenso wenig müssen Sie den Text sprachlich-stilistisch analysieren. Hilfreich kann es sein, den Gedankengang entsprechend logisch verknüpft wiederzugeben.

Lösungsschritte

1	Den Textausschnitt aus Umberto Ecos *Die Geschichte der Schönheit* aufmerksam lesen
2	Die Aufgabenstellung in allen Teilen sorgfältig lesen; dabei die Kernbegriffe unterstreichen bzw. markieren
3	Den Textausschnitt noch einmal lesen. Erster Durchgang: Erste Einfälle beim Lesen des Ausgangstextes notieren.
4	Den Textausschnitt erneut lesen. Zweiter Durchgang: Gedankengänge erfassen, hierzu gliedernde Signalwörter, Schlüsselwörter und sich wiederholende Wörter markieren und exzerpieren; Abschnitte gliedern und zusammenfassen; Überschriften setzen; Zusammenhänge verdeutlichen z. B. durch Strukturskizzen.
5	Stoffsammlung zu Thema, allgemeiner Hinführung und Textsorte anfertigen
6	Eine Gliederung gemäß dem Arbeitsauftrag erstellen: allgemeine Einleitung als Hinführung zum Thema, Basissatz für die strukturierte Inhaltsangabe des Ausgangstextes, Wiedergabe der Gedanken und ihrer logischen Verknüpfung

7	Ergebnisse in einem ausformulierten Text zusammenfassen, dabei einen sachlich-distanzierten Schreibstil für die Inhaltswiedergabe wählen
8	Geschriebenes erneut lesen, überprüfen und überarbeiten

Stichpunktlösung

Einleitung: die Aktualität des Themas „Schönheit" in der Gegenwart

- Die meisten Menschen sehnen sich nach ihr, manche ruinieren für sie sogar ihre Gesundheit: Schönheit. Die Bedeutung, die der Schönheit zukommt, hat sich in der Moderne, zumal im letzten Jahrzehnt, rasant verändert. Schönheit wurde zur operativen Erscheinung. Sie ist nicht mehr natürliches Geschenk, das man oder frau mit Gesichtscreme, Frisur, Lippenstift und Wimperntusche möglichst gut zu verpacken versucht. Sie ist in Zeiten einer explodierenden Kultur der Schönheitschirurgie etwas anderes, kein Ideal, sondern eine Norm, kein Geschenk, sondern ein Produkt, das jeder und jede aus sich machen kann und soll. Was aber ist eigentlich schön?

Strukturierte Inhaltsangabe: Zusammenfassung Ausgangstext

Basissatz

- Umberto Eco versucht darauf in der Einführung zu seinem Buch *Die Geschichte der Schönheit* eine Antwort zu geben, indem er diesen Begriff mehrfach definiert

Definition „schön" (Z. 1 - 5)

- Sprachliche Definition des Begriffs „schön" und verschiedener Synonyme („anmutig", „hübsch", „erhaben", „wunderbar", „prächtig", Z. 1) als gleichbedeutend mit dem Begriff „gut"

Erweiterung der Definition auf der Basis von Alltagserfahrungen (Z. 6 - 12)

- Gut und schön sind Gegenstände, sinnliche Erlebnisse, Emotionen/Gefühle und Handlungen, die als so attraktiv empfunden werden, dass sie den Wunsch nach dem Besitz dieser Gegenstände, nach dem Erleben dieser Gefühle oder nach dem entsprechenden Handeln auslösen. Als Beispiele nennt Eco Reichtum, Liebe, Essen, vorbildliches oder erfolgreiches Handeln.

Schönheit als innerer Wert (Z. 13 - 20)

- Verengung des Begriffs „schön" auf den Begriff „gut" im Sinn von „moralisch gut"; moralische Ideale, die positiv bewertet werden, auch ohne dass der Einzelne sie selbst umsetzt, z. B. die Opferung des eigenen Lebens für andere

Abgrenzung des Schönen von Begierde und Begehren (Z. 21 - 37)

- Weil ein Gegenstand ohne jedes Eigeninteresse im Sinn von Affekten (Leidenschaft, Eifersucht, Neid, Habgier) als solcher „aus der Distanz“ positiv beurteilt wird, kann er auch allgemein als schön gelten

Kulturelle und historische Bedingtheit von Schönheit (Z. 38 - 44)

- Statt eine zeitlich und kulturell unabhängige Idealvorstellung des Schönen anzunehmen, geht Eco davon aus, dass die Vorstellung von Schönheit kulturell und historisch bedingt ist

Schönheit und Kunst (Ästhetik) (Z. 44 - 59)

- Gegenüberstellung von Nachahmungstheorie (Kunst und Künstler bilden die Natur und deren Schönheit möglichst genau ab) und Ästhetisierung der Natur

TIPP Stellen Sie sich die Aufgabenstellung als realistische Schreibsituation vor: Sie könnten an eine Zeitungsseite denken, die zu einem Thema einen sachlichen Bericht und einen Kommentar nebeneinanderstellt.

Aufgabe b

Schreiben Sie [...] einen inhaltlich und sprachlich eigenständig formulierten Kommentar zum Thema „Schönheit“ in der Gegenwart! Wählen Sie dazu eine passende Überschrift! ...

HINWEIS Der Kommentar bildet den zweiten Block. Er gehört zu den meinungsbildenden Textsorten. Sie nehmen darin Stellung zum Thema. Es wird von Ihnen erwartet, dass Sie hier alle vorgelegten Materialien für Ihre Stoffsammlung einbeziehen. Sie dürfen dabei nicht lediglich die Gedanken der Ausgangsmaterialien umschreiben oder sogar in größerem Umfang abschreiben. Erwartet wird, dass Sie vorgefundene Gedanken und Argumente erweitern, als Gegenargument verwenden, sie veranschaulichen oder den Gedanken einschränken. Sie dürfen auch ausgewählte Aussagen in den Text integrieren oder Schlüsselaussagen indirekt bzw. wörtlich zitieren.

Lösungsschritte

1	Den Textausschnitt aus Christian Schüles *Lauter kleine Dorian Grays* sowie die Gedichte von Angelus Silesius und Friedrich Schiller aufmerksam lesen
2	Die Aufgabenstellung in allen Teilen sorgfältig lesen; als Hilfestellung die Kernbegriffe des Arbeitsauftrags markieren
3	Stoffsammlung zu Thema, Textsorte und möglicher (hier nur vorgestellter) Adressatengruppe anfertigen bzw. erweitern
4	Gliederung erstellen: Überschrift für den eigenen Kommentar, eigener Kommentar
5	Ergebnisse in einem ausformulierten Text zusammenfassen; für den Kommentar eine argumentierende Schreibweise wählen, aber auch mithilfe von Stilmitteln, verschiedenen sprachlichen Ebenen, Versatzstücken aus Werbung, Redewendungen, subjektiven Beispielen appellativ formulieren (Ideen und Vorgaben aus den Materialien einbeziehen)
6	Die Ausführungen abermals lesen und überarbeiten

Stichpunktlösung

Überschrift Kommentar

- Mögliche Überschriften: „Vergängliche Schönheit“; „Die Entlarvung der Schönheit“; „Zu viel des Schönen“; „Schön und gut: Das Maß alles Schönen“

Aufhänger und Einleitung

Das Schöne als allgemeinverbindliche Vorstellung

- Kollageninjektionen, Facelifting und Autobiorecycling: Geschenkgutscheine für das Ego sind beliebt. 1999 gab es in Deutschland 500 000 Schönheitsoperationen, im Jahr darauf hatte sich die Anzahl bereits verdoppelt. Schöne Babys werden länger angelächelt, schönen Kindern verzeiht man eher. Sie bekommen bessere Noten und haben mehr Freunde. Schöne Menschen verdienen mehr, sind beruflich erfolgreicher und erhalten schneller Kredite und Wohnungen. Ihnen glaubt man auch als Politikern eher. Kleider lassen sich an- und ausziehen, Haarfarben wechseln, eine Operation aber lässt sich selten ohne Schaden rückgängig machen. Täuscht die Kommerzialisierung eines „allgemeinen Schönheitskults“ einen allgemeingültigen Schönheitsbegriff vor? Verspricht die Werbung eine Schönheit, die nicht der Vergänglichkeit unterliegt? Ist das Schöne tatsächlich gleichzusetzen mit Leistungsfähigkeit, Glaubwürdigkeit und positiven moralischen Eigenschaften? Ist der schöne der bessere Teil der Menschheit?

Hauptteil

Der Schönheitsbegriff im Wandel der Zeit

- Schönheit als geschichtlich bedingte gesellschaftliche und kulturelle Norm, die die Vorstellung des Einzelnen prägt. Die Vorstellung davon, was schön ist, ist nicht unveränderlich und absolut, sondern veränderbar und verändert sich auch.
- Weiß wie Schnee, rot wie Blut, schwarz wie Ebenholz: Michael Jackson hätte seine Freude am Aussehen von Schneewittchen gehabt. Sonnenanbeter am Strand und im Sonnenstudio hätten ihm sicher widersprochen. Vorstellungen des Schönen und Guten ändern sich über die Epochen hinweg in allen kulturellen Bereichen (Beispiele: weibliche Figur - Venus von Milo oder Angelina Jolie; Musik - Mozart oder Hip-Hop; Architektur - Poseidontempel, Versailles oder die neue Kuppel des Reichstags).

Schönheit als kulturelle Norm

- Ungeachtet der Wandelbarkeit von Schönheitsidealen existierten zu allen Zeiten in den verschiedensten Kulturen Normvorstellungen des Schönen
- Als schön galten noch im 20. Jahrhundert in China zwergenhaft kleine, schlanke und spitze Lotusfüße von Schuhgröße 17 bei Frauen. In Afrika und in Thailand dehnen Frauen ihren Hals mit Metallringen, ihre Lippen oder Ohrläppchen mit Tellern. Im Urwald von West-Papua gelten Nasenpiercings mit spitzen Knochen und eine weiße Gesichtsbemalung als letzter Schrei.

Geschichtlich und gesellschaftlich bedingte Verhaltensnormen: Verknüpfung von „schön“ und „gut“

- Übernahme der Tischsitten des Adels durch das Bürgertum ab dem 18. Jahrhundert. Das Essen mit Gabel, Messer, reichlich Besteck und mehreren Gedecken setzt sich durch. Triebe wie schnäuzen, rülpsen usw. werden geregelt und dürfen nicht mehr geäußert werden. „Iss schön!“ wird heute noch als Aufforderung an Kinder gerichtet. Doch heutzutage wird im Alltag zunehmend das Essen im Freien aus verschiedenen Behältern mit Fingern und Serviette, ohne Rücksicht auf Etikette vorgezogen.
- Wurde noch bis ins 20. Jahrhundert in Deutschland bescheidene Zurückhaltung und passives Verhalten bei Frauen als schön empfunden, entspricht heute zunehmend die selbstbestimmte und durchsetzungsfähige Frau dem Verhaltensideal
- Der Heldentod für das Vaterland, bekannt aus allen militarisierten Gesellschaften von der Antike bis zur Gegenwart, wird durch den Afghanistaneinsatz der Bundeswehr auch in Deutschland wieder hoffähig

Verknüpfung des Schönen mit dem Guten in der Ästhetik

- Das Schöne ist nicht nur bei den Verhaltensnormen eng verknüpft mit dem ethisch-philosophischen Begriff des Guten. Beispiel Kunst und Literatur:
  - Ästhetik Schillers: Schöne Erscheinungen führen zu seelischen Veränderungen,

Schönheit bessert die Menschen in moralischer Sicht. Friedrich Schillers Gedicht *Die schönste Erscheinung* aus dem Musenalmanach für das Jahr 1797 behandelt seinen allgemeinen ästhetischen Vorstellungen entsprechend die Macht der Schönheit: Zwei entgegengesetzte Grundsituationen oder Emotionen des Menschen (Leiden und Freude) bilden beide als Einzelerscheinungen Teilaspekte eines Idealbildes von Schönheit ab. Schönheit wird auch hier als Ausdruck innerer Schönheit betrachtet.

- Die Proportionsstudien da Vincis oder Dürers spiegeln übertragen auf die Darstellung des schönen Menschen die Proportionen von Gottes Schöpfung wieder
- Die Idealisierung der Natur in antiken, klassischen oder klassizistischen Statuen versieht die Dargestellten häufig mit göttlichen oder ständisch hervorgehobenen Attributen, lässt sie dafür weniger individuell als schön aussehen
- Angelus Silesius' Epigramm *Die kluge und törichte Schönheit* aus dem *Cherubinischen Wandersmann* von 1657 thematisiert vor dem Hintergrund des barocken Motivs der Vergänglichkeit den Vorrang der Schönheit als innerem Wert (moralischem Verhalten) gegenüber der durch Schmuck und Kleider hervorgerufenen äußeren Schönheit
- Die Gleichsetzung von „schön" und „gut" lässt sich auch an der idealisierten, verschönerten Sprache des klassischen Versdramas beobachten: Ein Nathan und ein Saladin (Lessing, *Nathan der Weise*), die Umgangssprache sprechen, könnten ihre Rolle als klassische „Gutmenschen" nicht erfüllen, menschliche und sprachliche Mängel dürften sie nicht zeigen.

Ästhetische Idealisierung des Hässlichen

- Selbst in der Ästhetik des Hässlichen und des Leidens, die z. B. Gottfried Benn in seinen Morgue-Gedichten (*Kleine Aster, Frau und Mann gehen durch die Krebsbaracke*) entwickelt, wird dieses wiederum idealisiert
- Abfall und Schrott, Inbegriff des Nichtschönen, werden schließlich von Dada und Pop-Art wie Popliteratur zu Gegenständen der ästhetischen Darstellung nobilitiert, Hässlichkeit und *vanitas* werden zum neuen, reproduzierbaren Schönheitsideal

Kommerzialisierung von Schönheit

- Mittlerweile haben die Menschen nur ihre Schönheit verbessert, haben Diäten, Fitnessprogramme, Operationen und moderne Medien zu ihrer Verteilung erfunden. Der Rest der geforderten Menschenverbesserung greift noch nicht. Seit Fitnesscenter und Schönheitschirurgie verfügbar sind, fällt es leichter, ein schöner Mensch zu werden als ein guter.

Schlussteil: Fazit

- Die Idealschönheit Platons oder Kants weicht der Siegerin von *Germany's next Topmodel*. Wäre es nicht an der Zeit, das Schöne und das Gute endgültig voneinander getrennt zu betrachten? Zuneigung, Erfolg, Liebe, Gesundheit, gute Leistungen auch dem Hässlichen zuzutrauen?

TIPP Essayistische Elemente sollen Aufbau wie Sprache des Kommentars für den Leser interessant und überzeugend gestalten: subjektive, pointierte, teilweise assoziativ sprunghafte Gedankenführung, die weniger auf systematisch hergeleitete Ergebnisse aus ist als auf Denkanstöße, sprachliche Ironie, rhetorische Mittel usw. Übertreiben Sie hier nicht, weil sonst die Überzeugungskraft leidet.
Die Aufgabenstellung gibt eine Beschränkung des Kommentars auf ca. 750 Wörter vor. Den Überblick behalten Sie, wenn Sie darauf achten, wie viele Wörter Sie ungefähr pro Zeile schreiben. Es handelt sich um einen Richtwert, den Sie auch um ungefähr zehn Prozent über- oder unterschreiten dürfen.

Schnell-Check Kommentar

Aufgabe	Aufgabentyp			Trainingstipps
a	**Strukturierte Inhaltsangabe verfassen**			Anhand eines ausgewählten Textes: ■ Lesestrategien üben: Schlüsselwörter, Überschriften, Gliederungssignale (erstens, zweitens, drittens ...) markieren ■ Stoffsammlung anlegen mithilfe von Clustering, Mindmap, numerischer Gliederung, Modell der konzentrischen Kreise ■ Stoffsammlungen gliedern, Unter- und Oberbegriffe finden (Sachfelder gliedern) ■ Inhalte wiedergeben: Textbausteine zu beschreibenden Wendungen sammeln und für einen kleinen Abschnitt anwenden
b	**Kommentar verfassen**			■ Kommentare aus Zeitungen oder dem Internet gliedern, argumentierende oder appellierende Textbausteine herausschreiben ■ Schreibübungen zu argumentierendem und essayistischem Schreiben: z. B. Thesen zu rhetorischen Fragen umformulieren und umgekehrt; drei Ideen zu einer dreiteiligen und parallelen Aufzählung formulieren; Personen der Gegenwart Märchensprüche oder Redensarten in den Mund legen ■ Text überarbeiten: Rechtschreibübungen, Übungen zur Wortwahl, Anordnen von vertauschten Abschnitten

G8 MUSTERPRÜFUNG REDE

Aufgabentyp	Verfassen einer Rede auf der Grundlage eines Sachtextes
Material	Horst Köhler: *Grußwort im Berliner Ensemble am 17. 04. 2005 anlässlich der Matinee zum 200. Todestag Schillers*
Textsorte	Nicht fiktionale Texte: Rede, Sachtext
Thema	Schiller; Theater; Regietheater; Vermittlung der Klassik

Verfassen einer Rede auf der Grundlage eines Sachtextes

Aufgabe a

Bundespräsident Horst Köhler hat mit einer Rede bei einer Schillerfeier in Berlin Position zum sogenannten Regietheater bezogen. Arbeiten Sie aus dem Text die Argumentationsstruktur heraus!

Aufgabe b

An Ihrer Schule wird am Ende des Schuljahres ein Treffen bayerischer Schultheatergruppen stattfinden[1]. Verfassen Sie für die Eröffnungsveranstaltung eine inhaltlich und sprachlich eigenstandige Rede, die die zentralen Aspekte der Rede Köhlers berücksichtigt! Entwickeln Sie dabei eine These zur Bedeutung des Schultheaters heute und ziehen Sie für Ihr Redemanuskript Ihre literaturgeschichtlich-dramentheoretischen Kenntnisse und Erfahrungen heran! Vorgegeben ist ein Umfang von etwa 900 Wörtern[2]!

1 Das Publikum der Eröffnungsveranstaltung setzt sich zusammen aus Schülern der Oberstufe und ihren Lehrern sowie weiteren interessierten Teilnehmern.
2 Es empfiehlt sich im Vorfeld, die ungefähre Wörterzahl pro handgeschriebener Seite individuell zu ermitteln.

Grußwort von Bundespräsident Horst Köhler im Berliner Ensemble am 17.04.2005 anlässlich der Matinee zum 200. Todestag Schillers

[...] Bleiben wir bei Schiller: Wie viel ist immer noch zu lernen von seinen Gedanken zur ästhetischen Erziehung? Wie viel ist immer wieder neu zu begreifen von seinen Überlegungen zum Zusammenhang von Menschsein und Spielen? Wie viel ist immer noch in die Tat umzusetzen von seinen Gedanken zu so kostbaren Begriffen wie Anmut und Würde? Wären Didaktiker, Pädagogen oder Kultusminister schlecht beraten, in dieser Hinsicht noch einmal bei Schiller in die Schule zu gehen?

Oder nehmen wir - etwas ganz anderes - die selbstverständliche Internationalität des Autors Friedrich Schiller. Die Stoffe zu seinen Stücken nahm er aus der gesamten europäischen Geschichte und Geographie. Über den Räubern steht der Satz: Ort der Handlung ist Deutschland. Aber Orte der Handlung in anderen Stücken sind auch Spanien, Frankreich, Italien, England, Schottland, die Schweiz. Ein wahrhaftiger Europäer. Damit verglichen erscheint so manches Werk der Gegenwart provinziell. Es kann für die künstlerische Arbeit durchaus förderlich sein, über die Grenzen der eigenen Gegenwart und des eigenen Kiezes hinauszuschauen.

Schiller besticht auch durch seine politische Leidenschaft und sein politisches Interesse. Was sind das für Stoffe! Es geht im Leben eben doch um mehr als nur den eigenen Bauchnabel und die eigene Befindlichkeit. Eine moralische Anstalt kann das Theater im Sinne Schillers nur sein, wenn es auch die politischen Bedingungen, unter denen die Individuen leben, im Blick behält.

Wie soll man das Erbe für die Zukunft fruchtbar machen? Nun, auf alle Fälle zunächst einmal dadurch, dass man es neu <u>bekannt</u> macht. Die Zeiten der Klassiker-Überfütterung an den Schulen sind endgültig vorbei. Gott sei Dank. Vielleicht ist den Klassikern am meisten dadurch geschadet worden, dass man sie dazu missbraucht hat, unschuldige Schüler damit zu quälen, die sogenannte richtige Interpretation zu liefern. Und es gibt ja auch gute und wichtige Gegenwartskunst und -literatur.

Aber so ganz ohne Kenntnis der Klassiker sollte man doch nicht sein Abitur machen. Nur muss der Unterricht so frisch sein, dass es Freude macht, sich damit zu beschäftigen, ohne falsche Ehrfurcht und Dünkel und ohne Instrumentalisierung!

Hans Magnus Enzensberger hat neulich ein Buch geschrieben, das heißt: Lyrik nervt. Erste Hilfe für gestresste Leser. Er zeigt, wie viel Spaß es machen kann, sich zum Beispiel auch für klassisches Versmaß zu interessieren, wenn der pädagogische Zeigefinger eingerollt bleibt. Genauso müsste man auch an das Drama, an das Theaterstück herangehen können. So dass Schüler am Ende nicht sagen Theater nervt!, sondern: Theater macht Spaß. Schiller ist interessant. Die Klassiker, oder wenigstens das eine oder andere Stück, das hat mit uns zu tun. Da sind Fragen und Probleme formuliert, da sind Lösungen vorgeschlagen, die gehen uns an ...

Und welch eine Chance besteht heute für das Theater selbst! In dieser Situation, wo die Kenntnis der großen Stücke, auch eben Schillers, immer geringer wird, wo die Menschen, gerade die jungen Leute, wissbegierig und neugierig sind, diese Stücke erst einmal kennenzulernen, können die Theater ihre Anstrengungen ganz darauf konzentrieren, diese Stücke in ihrer Schönheit und Kraft, in ihrer Komplexität und ihrem Anspruch zu präsentieren.

Es hat gewiss eine Zeitlang einmal die Notwendigkeit gegeben, die Klassiker zu entstauben und zu problematisieren. Aber das heute immer noch fortzusetzen, erscheint mir wie der Ausweis einer neuen arroganten Spießigkeit. Ein ganzer Tell, ein ganzer Don Carlos! Das ist doch was! Natürlich stellt uns die hohe Sprache, auch das Pathos Schillers heute vor Schwierigkeiten. Aber soll man ihn deswegen auf kleines Maß reduzieren?

Ich stelle mir vor, dass in der Berliner Nationalgalerie die Bilder von Caspar David Friedrich mit schwarzer Pappe beklebt würden, nur hier und da ließe man zwanzig bis dreißig Quadratzentimeter sichtbar bleiben. Wer würde das akzeptieren? Oder dass man bei einer Aufführung von Beethovens 6. Sinfonie nur den ersten Satz nach der Partitur spielte, den zweiten als Blockflötenquartett und den Rest ganz ausfallen ließe oder rückwärts spielte. Wer möchte sich das gefallen lassen?

Nur unsere klassischen Dramen konnten sich Jahrzehnte nicht dagegen wehren, in Stücke zerlegt und nach Gutdünken wieder zusammengesetzt zu werden. Ich habe meine Zweifel, ob auf solche Weise Kultur an die kommenden Generationen produktiv weitervermittelt werden kann.

Wir sind heute in einer grundlegend anderen Situation als in den sechziger Jahren. Es gibt nicht nur einen Bruch in der Kontinuität der kulturellen Überlieferung. Es gibt auch einen tiefgreifenden Wandel in der demographischen Zusammensetzung unserer Bevölkerung.

Wie bekommt ein Stadttheater der Zukunft ein Publikum - in einer Stadt, in der die Hälfte der jungen Leute, die ja auch älter werden, einen Migrationshintergrund hat? Was heißt im Zuge dieser neuen Entwicklungen Weitergabe unseres kulturellen Erbes? Wie fruchtbar können Klassiker sein für gesellschaftliche Integration? Für Identitätsfindung in einer kulturell gemischten Gesellschaft? Wie müssen sie gespielt werden, damit sie in ihren Problemkonstellationen als aktuell angesehen werden?

Ich hoffe, dass die Diskutanten darauf gleich ein wenig eingehen werden. Diese Fragen sind entscheidend für die Existenz dessen, was man Kulturnation nennt. Gerade in Zeiten des Umbruchs, der auch für die individuellen Biographien zutiefst spürbar ist und immer mehr spürbar sein wird, brauchen wir eine kulturelle Selbstverständigung.

Schiller und vielleicht vor allem seine Stücke bieten dafür viele Voraussetzungen. Die grundlegenden Konflikte zwischen Individuum und politischer Verstrickung, zwischen Pflicht und Neigung, Unterdrückung und Freiheitsverlangen, Selbstverwirklichung und Verantwortung, Ideal und Wirklichkeit - diese Konflikte haben wir auch heute immer neu auszufechten. Die Lösungen werden wir selber finden müssen - aber es ist doch vielleicht hilfreich, wenn in den alten Stücken die Probleme und Konflikte, um die es geht, paradigmatisch dargestellt werden.

Ein letzter Gedanke: Es hat Zeiten gegeben, da jeder, der in Deutschland die Schule verließ, eine ganze Menge Zeilen von Schiller auswendig konnte. Die eine oder andere Ballade zu lernen und für das Leben zu behalten - ich glaube, das richtet auch heute keinen größeren seelischen Schaden an. Schillers Sprache ist so faszinierend, dass man selber Lust bekommt an poetischer und gleichzeitig exakter, an differenzierender und - wie man so sagt - gehobener Sprache.

In einer Zeit, in der wir immer mehr von Bildern bestimmt und auch manipuliert werden, in der wir von Bildern dominiert werden, in der unsere politischen Entscheidungen, unsere Einstellungen und Überzeugungen, ja unser privater Seelenhaushalt von Bildern erzeugt werden, müssen wir aufpassen, unsere Sprach- und Ausdrucksfähigkeit nicht zu verlieren. Differenzierungsvermögen und Sprachfähigkeit können wir an unseren großen Sprachkünstlern erleben. Wir brauchen es. Unsere Kritikfähigkeit, unsere Vernunft, unsere Möglichkeit zu fruchtbarem Streiten und zur präzisen Ausfechtung von Konflikten - all das hängt an unserer Fähigkeit, genau, differenziert und überzeugend zu sprechen. Vor allem aber das selbständige Denken, ohne das es keine eigenständige Persönlichkeit und keine Kreativität gibt, braucht Sprachfähigkeit.

Ich komme kurz zum Anfang zurück. Selbstbewusstsein zeigt sich auch daran, dass man mit gelassenem, bescheidenem Stolz das Erbe annimmt, das einem geschenkt worden ist. Nicht um sich mit dem zufrieden zu geben, was andere geleistet haben, sondern um daraus Kraft zu schöpfen - und um daraus Funken zu schlagen für die Zukunft.
Schillers Leben und seine Werke sind ohne Zweifel ein Geschenk an die Kulturnation Deutschland. Was wir heute daraus machen, davon hängt sehr viel ab. Nicht zuletzt, ob wir auch in Zukunft ein Land sein werden, in dem kreative Köpfe und gescheite Leute zu Hause sind, so dass wir immer noch mit Recht sagen können: Das ist bei uns die Regel, das fällt nicht weiter auf.

http://www.bundespraesident.de/dokumente/-,2.623373/Rede/dokument.htm [zuletzt aufgerufen am 01.07.2010]

LÖSUNGSVORSCHLAG REDE

Lösungsvorschlag
Verfassen einer Rede auf der Grundlage eines Sachtextes

Aufgabe a

[...] Arbeiten Sie [...] die Argumentationsstruktur heraus!

> **HINWEIS** Achten Sie auf die Form, den Titel und die Quellenangabe der Rede. Wichtig ist, die wesentlichen Argumente strukturiert darzustellen. Eine detaillierte sprachliche Analyse ist hier nicht explizit verlangt; nichtsdestoweniger erhalten Sie in der folgenden Stichpunktlösung einen Überblick über die verwendeten Stilmittel. Diese können Ihnen als Hilfestellung beim Ausformulieren Ihrer eigenen Rede in Teilaufgabe b dienen.

Lösungsschritte

1	Sich die Aufgabenstellung (a) verdeutlichen
2	Den Text mindestens zweimal aufmerksam „mit dem Bleistift“ lesen: Durch Unterstreichungen und Randnotizen die Thesen, Belege und Beispiele sowie den Aufbau in Einleitung, Hauptteil und Schluss der Rede herausarbeiten
3	Sprachliche Auffälligkeiten und besondere Stilmittel markieren sowie stichwortartig in ihrer Wirkung notieren
4	Eine Gliederung erstellen und die erste Teilaufgabe ausformulieren
5	Korrektur: Ausdruck und Verständlichkeit prüfen; typische Rechtschreib- und Zeichensetzungsfehler korrigieren; die Gliederungspunkte des Schreibplans bzw. Markierungen am Text mit der ausformulierten Fassung vergleichen

Stichpunktlösung

Einleitung und Thema

- Der ehemalige deutsche Bundespräsident Horst Köhler hält am 17.04.2005 anlässlich des 200. Todestages Friedrich Schillers im Berliner Ensemble eine Rede über die Bedeutung von Schillers Dramen für heutige Schüler. Bei dem vorliegenden Text handelt es sich um einen Ausschnitt aus Köhlers Rede, in welcher der Anfang gekürzt wurde. Daher ist davon auszugehen, dass der Textausschnitt nur den Hauptteil und Schluss der Ansprache darstellt.

Argumentationsstruktur Hauptteil

Schillers ungebrochene Aktualität

- Im ersten Absatz stellt Köhler die zentrale Frage nach der allgemeinen, insbesondere aber schulischen Aktualität von Schillers Werken, die sich beispielsweise mit dem Thema der „ästhetischen Erziehung“ (Z. 1 f.) befassen. Wie man aus den Vorinformationen zum Text ersehen kann, passt dieses Thema sehr gut zu Anlass, Ort und zur Zuhörerschaft der Rede: Köhler spricht an Schillers Gedenktag und steht dabei in einem Theater, das allgemeiner Gegenstand seiner Betrachtungen ist.
- Köhlers Ansicht nach ist die zuvor angesprochene Aktualität von Schillers Werken durchaus noch vorhanden. Als erstes Argument dafür verweist er auf „die selbstverständliche Internationalität des Autors Friedrich Schiller“ (Z. 7 f.) und führt hierzu als Beispiele Orte und Themen in dessen Dramen auf. Diese Internationalität habe damals dazu beigetragen und könne es noch heute, über eigene regionale und historische „Grenzen“ (Z. 13) hinauszuschauen (Z. 12 f.).
- Im Folgenden erweitert Köhler diesen Aspekt um die indirekte Forderung, in Theaterstücken sollten auch immer politische Themen verarbeitet werden. Dies belegt er durch das normative Argument, nur so könne im Sinne Schillers eine moralische Bildung durch das Theater erfolgen (Z. 16 – 18).

Forderung nach Pflege und Vermittlung der Klassiker

- **Durch die Schule:** Köhler stellt einen Bezug zur aktuellen Lebenswelt seiner Zuhörer her. Er fordert, Literatur solle allen Lernenden mit „Freude“ (Z. 26) vermittelt werden. Er verweist auf die seiner Ansicht nach neue Sichtweise auf Literatur in der Schule. Man habe sich in den letzten Jahren von der Vorstellung einer „richtige[n] Interpretation“ (Z. 23) verabschiedet und habe, wie zuvor in der Lyrik, einen neuen Zugang zum Verständnis von Dramen gefunden, der einen Bezug zur Lebenswirklichkeit der Schüler bilde (Z. 19 – 34). Köhler belegt dies durch einen Rückgriff auf die „Autorität“ Enzensberger (Z. 28).
- **Durch das Theater:** Köhler stellt die Behauptung auf, Jugendliche würden ältere Stücke heute kaum noch kennen, wollten sie jedoch durchaus kennenlernen. Das sei eine „Chance“ (Z. 35) für das Theater unserer Zeit, vor jungem Publikum die klassischen Dramen aufzuführen (Z. 35 – 39).

Kritik am modernen Regietheater

- Als vorweggenommenes Gegenargument spricht Köhler die mögliche sprachliche Distanz zu klassischen Texten an. Eine Aktualisierung im Sinne des modernen Regietheaters lehnt Köhler zugunsten einer werkgetreuen Tradierung ab (Z. 40 – 44 und Z. 51 – 54).
- Als provokante Gegenbeispiele verweist er auf musikalische und künstlerische Klassiker, die von gegenwärtigen Rezipienten auch nicht verändert würden (Z. 45 – 50)

Klassisches Theater als Identitätsstiftung

- Stattdessen erfordere eine veränderte gesellschaftliche Kultur (Z. 55 - 57) und ein Publikum mit „Migrationshintergrund“ (Z. 59) eine entsprechende „kulturelle Selbstverständigung“ (Z. 67). Auch das klassische Theater könne so von identitätsstiftender Bedeutung sein.
- Eine solche können Schillers Dramen im Besonderen leisten; Beispiele hierfür seien die Motive in Schillers Stücken, die sich auch auf die heutige Zeit übertragen ließen (Z. 68 - 71)

Sprachliche Vorbildfunktion Schillers

- Im letzten Abschnitt des Hauptteils seiner Rede stellt Köhler dar, wie neben der moralischen Bildung auch die historische Sprache in Schillers Dramen eine Vorbildfunktion für junge Theaterzuschauer haben könne. Er wünscht sich eine Verbindung von Sprache und Denken (Z. 85 - 90). Habe man, so sein Beispiel, früher in der Schule Schillers Texte auswendig gelernt (Z. 75 f.), um die eigene „Sprach- und Ausdrucksfähigkeit“ (Z. 84) zu erweitern, könne sein sprachliches Vorbild in Zeiten einer großen Medien- bzw. Bilderflut auch heute nicht schaden.

Argumentationsstruktur Schlussteil

Bedeutung des kulturellen Erbes

- Im Schlussteil seiner Rede spricht Köhler ein Bekenntnis zum kulturellen Erbe aus, das Schiller in dem Land der „Dichter und Denker“ symbolisiere und das sich weiter entwickele. Der Redner bezieht sich damit zurück auf den Anfang seiner Rede und die Forderung, aus der Vergangenheit für die Zukunft zu lernen (Z. 91 - 94).

Stilmittel

- Köhler unterstreicht die Wirkung seiner Rede durch ausgewählte sprachliche Mittel, wodurch ein starkes Einvernehmen mit dem Publikum suggeriert wird
- Viele rhetorische Fragen zur Betonung der eigenen Sichtweise, in welche die Zuhörer einbezogen werden sollen (z. B. Z. 1 - 6, Z. 19, Z. 44, Z. 47)
- Zusätzlich wechselt Köhler zwischen der vereinnahmenden „Wir“-Form (z. B. Z. 1, Z. 7, Z. 55, Z. 98) - auch in entsprechenden Pronomen wie „uns“ bzw. „unsere“ (z. B. Z. 33, Z. 43) - und der subjektiven „Ich“-Form (z. B. Z. 52, Z. 77) im Hauptteil der Rede zur Betonung des eigenen Standpunktes
- Zwischendurch lockert er das klassische Thema Schiller jedoch durch ein Wortspiel, dass Didaktiker bei Schiller „in die Schule“ (Z. 5 f.) gehen sollten, oder durch metaphorische Umgangssprache auf („Es geht im Leben eben doch um mehr als nur den eigenen Bauchnabel“, Z. 15; „wenn der pädagogische Zeigefinger eingerollt bleibt“, Z. 30). Ebenso finden Redensarten („Gott sei Dank“, Z. 21) und Floskeln („unschuldige Schüler damit zu quälen“, Z. 23; „nach Gutdünken“, Z. 52) Verwendung.

- Struktur im Aufbau erhält die Rede durch bewusste Aufzählungen (Z. 10 f.), Anaphern („Wie viel", Z. 1 f., Z. 3; „Es gibt", Z. 55 f.) sowie Wiederholung („Ort der Handlung" – „Orte der Handlung", Z. 9 f.)
- Durch Ausrufe (z. B. Z. 15, Z. 42 f.) und Betonungszeichen (im Transkript durch Unterstreichungen kenntlich gemacht, Z. 20) wirkt die Rede weniger sachlich-nüchtern; außerdem Annäherung an den mündlichen Sprachgebrauch durch Ellipsen bzw. Pausen (Z. 34) und Einschübe (Z. 71 f., Z. 77 f.) sowie Ankündigungen durch Doppelpunkt (Z. 1, Z. 75, Z. 98). So können die Zuhörer kurze, einfache Aussagen besser nachverfolgen.

TIPP Achten Sie bei der Ausformulierung von Aufgabe a auf die Bearbeitungszeit – ggf. kürzen Sie hier Aspekte, die Ihnen weniger wichtig erscheinen, um noch genügend Zeit für den folgenden kreativen Schreibauftrag zu haben.

Aufgabe b

[...] Verfassen Sie [...] eine [...] Rede ...

HINWEIS Achten Sie auf den Kontext der zu verfassenden Rede und beachten Sie die Fußnoten, die Ihnen Vorgaben zur Redesituation und zum erwarteten Umfang Ihrer Ausführungen geben.
Ihr Redebeitrag sollte sich mit den Kernaussagen von Köhlers Rede eigenständig auseinandersetzen. Achten Sie dabei darauf, nicht einfach die bei Köhler entwickelte Argumentationsstruktur zu wiederholen. Beachten Sie auch die Anforderung, Ihre literaturgeschichtlich-dramentheoretischen Kenntnisse einzubeziehen. Im folgenden ausformulierten Redevorschlag finden Sie eine denkbare Gliederung in Form von eingezogenen Zwischenüberschriften.
In Teilaufgabe b wird eine höhere eigenständige Leistung von Ihnen erwartet als in Teilaufgabe a. Fassen Sie sich daher hier keinesfalls kürzer als zuvor und teilen Sie sich Ihre Arbeitszeit entsprechend ein.

Lösungsschritte

1	Sich die Aufgabenstellung der zweiten Teilaufgabe (b) vergegenwärtigen; dabei die verschiedenen Anforderungen beachten: Eingehen auf den Situationsrahmen (Anlass und Zielgruppe), Auseinandersetzung mit den Argumenten Köhlers, Aussage zum Schultheater heute, Bezug auf literaturgeschichtlich-dramentheoretische Kenntnisse
2	Eine Gliederung erstellen

3	Die Gliederung der eigenen Rede mit dem Argumentationsgang der Köhler-Rede auf ihre Vollständigkeit hin vergleichen bzw. prüfen
4	Die zweite Teilaufgabe ausformulieren; dabei Textsortenmerkmale und Stilmittel des adressatenbezogenen Schreibens berücksichtigen
5	Korrektur lesen: Ausdruck und Verständlichkeit prüfen, typische Rechtschreib- und Zeichensetzungsfehler korrigieren, die Gliederungspunkte mit der ausformulierten Fassung vergleichen

Stichpunktlösung

Anrede und Einleitung

- Liebe Schülerinnen und Schüler der Theatergruppen, sehr geehrte Lehrerinnen und Lehrer, liebe Gäste!
- Herzlich willkommen zu unserem diesjährigen Treffen der bayerischen Schultheatertage hier in unserem Hause. Ich freue mich, euch und Sie zu unserem Austausch begrüßen zu dürfen und hoffe, wir alle werden nach dieser Woche mit vielen neuen Eindrücken der zahlreichen Inszenierungen, die wir in den nächsten Tagen hier auf der Bühne sehen werden, zurück an unsere verschiedenen Schulen gehen. Lasst mich und lassen Sie mich, liebe Schüler, Eltern und Gäste, zu Beginn dieser Veranstaltung einige Worte zum Ziel unserer Schauspieltage sagen.

Bezug zur Rede Köhlers und Bedeutung des Schultheaters

- Unser ehemaliger Bundespräsident Horst Köhler hat vor einigen Jahren in einer viel beachteten Rede im Berliner Ensemble erklärt, wie er modernes Theater, v. a. bei klassischen Stücken, für die Schule versteht
- Deutschland gilt bis heute als das Land der „Dichter und Denker“. Und wenn ich euch und Sie nun frage, an welche großen Namen man dabei denken könnte, so weiß sicher jeder sehr schnell, von wem ich im Folgenden spreche. Wer forderte durch das Theater eine „ästhetische Erziehung“ des Menschen? Wer schrieb und inszenierte seine Stücke international? Wer scheute sich nicht davor, auch historisch-politische Themen so zu formulieren, dass seine Zeitgenossen aktuelle und brisante Anspielungen auf die eigene Zeit dahinter verstanden? Und wer bildete zusammen mit Johann Wolfang von Goethe die Literaturepoche, die bis heute als die Weimarer Klassik gilt?
- Die Rede ist von Friedrich Schiller. Seine Werke sind nicht nur unter Literaturwissenschaftlern, sondern auch ganz unmittelbar in unserem Schulalltag, besonders natürlich im Deutsch- und Literaturunterricht, fest verankert.
- Doch müssen Schüler und Lehrer wirklich zur Lektüre klassischer Werke gezwungen

werden? Sind alle Schüler, die hier heute in unserer Aula sitzen, nur Opfer ihrer Lehrer und deren Vorliebe für Dramentexte?

- Ich glaube: Nein. Ich schließe mich dabei der Meinung unseres ehemaligen Bundespräsidenten Horst Köhler an, der in seiner Rede sagte, junge Leute würden zwar nicht alle klassischen Stücke kennen, wollten sie jedoch gerne kennenlernen. Und ich möchte sogar noch einen Schritt weitergehen und behaupten: Vor mir sitzen Hunderte von jungen Menschen, die alte und neue Theaterstücke nicht nur kennenlernen, sondern selbst aktiv mitgestalten, aufführen, miterleben wollen.
- Gibt es einen besseren Weg als Schultheater, um etwas über ein Drama zu erfahren? Für mich ist der Wille, selbst ein Theaterstück zu inszenieren, z. B. in Form unserer Schultheatertage, der pädagogisch beste Weg, jemanden ästhetisch zu erziehen. Unsere jugendlichen Schauspieler und Besucher strahlen eine solche Freude bei ihrer Arbeit aus, sie legen so viel von ihren eigenen Lebenserfahrungen in die Interpretation aller Stücke, dass ihnen keine Distanz zu klassischen Stoffen mehr anzumerken ist.

Regietheater oder Werktreue?

- Unsere Gesellschaft hat sich seit der Weimarer Klassik weiterentwickelt, keine Frage. Wir leben in einer modernen Demokratie, sind emanzipiert, üben uns im multikulturellen Miteinander. Und doch findet jeder von uns gleichzeitig bei genauerem Hinsehen immer etwas in den alten Stücken, das auch für uns moderne Menschen von identitätsstiftender Bedeutung sein kann.
- Manch moderner Regisseur hat dabei in den letzten Jahren versucht, seinem Publikum diese moderne Botschaft nicht nur in altem Gewande, sondern in moderner Robe zu verkaufen. Historische Stücke wurden mit modernen Requisiten ausgestattet, sie erhielten zusätzliche futuristische Figuren, die den originalen, alten wie ein eigener Schatten zur Seite standen. Oder die Dramentexte wurden sogleich völlig in vermeintlich modernes Deutsch umgeschrieben, weil man dem Zuschauer offenbar nicht zutraute, sich in die klassische Sprach- und Vorstellungswelt hineinzuversetzen.

TIPP An dieser Stelle können Sie konkrete Beispiele Ihnen bekannter Inszenierungen aufführen und bewerten.

Literaturgeschichtlich-dramentheoretische Bezüge

- Schüler lernen in der Schule zwischen der geschlossenen Dramenform, wie sie Gotthold Ephraim Lessing mit seiner Tragödie *Emilia Galotti* zeigen wollte, und der offenen Dramenform zu unterscheiden, wie sie die Schüler unserer Schule bei Georg Büchners *Woyzeck* besprechen. Einen besonderen Reiz, wenngleich oft mit größeren Verständnisproblemen, übt auf Jugendliche das moderne epische Theater aus, z. B. Bertold Brechts *Mutter Courage*. So bin ich also sehr gespannt, welche Formen sich die Schülerinnen und Schüler dieser Theatertage zur Inszenierung ausgesucht haben!

Was bedeutet eine schülergerechte Aktualisierung?

- Trotz aller modernen Einflüsse unseres Bilder- und Medienzeitalters, trotz aller Aufklärung schon zur Mittagszeit in jeder mittelmäßigen Soap als moderner Form des Theaters, ja trotz aller Tabubrüche und Provokationen, denen Heranwachsende jeden Tag in ihrer Lebensumwelt begegnen, sind Theaterzuschauer offenbar enttäuscht, wenn ihnen ein klassisches Stück allzu profan und modern daherkommt.
- Denn heißt „modern zu sein" nicht auch, Traditionelles zu verstehen und zu respektieren? Und was für die Gesellschaft und unser tägliches Leben gilt, gilt auch für die Bretter, die die Welt bedeuten, also für das Theater.
- Kein Lehrer würde heute noch wie vor hundert Jahren von seinen Schülern erwarten, klassische Texte wortwörtlich auswendig zu lernen, um sich in der als vorbildlich angesehenen Sprache unserer Dichter und Denker zu üben.
- Vielmehr muss es Ziel einer modernen ästhetischen Erziehung sein, klassische Stücke von unserem gegenwärtigen Standpunkt aus zu verstehen. Und dazu braucht es keiner modernen Sprache – das Publikum kann die Sprache auf der Bühne durchaus bewusst als „Bühnensprache" akzeptieren, um sich die in die Welt z. B. eines Friedrich Schiller hineinzuversetzen.

Schlusswort und Eröffnung der Theatertage

- In diesem Sinne wünsche ich uns allen in den kommenden Schultheatertagen viele Begegnungen mit neuen und alten Welten auf unserer kleinen Schulbühne. Oder um es mit Friedrich Schillers Worten zu sagen: „Ernst ist das Leben, heiter ist die Kunst." Tauchen wir nun ab in die Welt des Theaters, lassen wir uns entführen von unseren Schülerinnen und Schülern und bringen wir uns vor ihrer Motivation, auch alte Stücke einem modernen Publikum nahezubringen, in Sicherheit, denn, wie Friedrich Schiller auch sagte: „Wehe, wenn sie losgelassen!"

TIPP Wählen Sie als Beispiele für Dramentexte und/oder Inszenierungen Werke, die Sie selbst kennen. Nur so wirkt die Rede authentisch und Sie können inhaltlich genau darüber sprechen, was Sie als Botschaft auch vermitteln möchten. Richten Sie sich in Stil, Wortwahl und Aufbau nach den Vorgaben, die Ihnen die zu analysierende Rede in Teilaufgabe a bietet.

Schnell-Check Rede

Aufgabe	Aufgabentyp			Trainingstipps
a	**Argumentationsstruktur herausarbeiten** ■ Aufbau analysieren ■ Anlass, Situation und Publikum einbeziehen ■ Argumentationsgang analysieren ■ Sprachliche Form analysieren			■ Einleitung, Hauptteil und Schluss erkennen (z. B. durch die angezeigten Absätze) ■ Zusatzinformationen detailliert berücksichtigen, v. a. den historischen Kontext, Zuhörerschaft, Rednerintention ■ Thesen, Belege und Beispiele (Argumente) voneinander unterscheiden ■ Gängige Stilmittel suchen und in ihrer Wirkung erläutern: bildhaft, strukturierend, lautmalerisch?
b	**Rede verfassen** ■ In Bezug zu einer anderen Rede (auf Grundlage eines Sachtextes)			■ Thesen, Schlagwort und evtl. Zitate in die eigene Argumentation einbinden ■ Die Botschaft der eigenen Rede wie einen roten Faden wiederholt aufgreifen, sinnvolle Gliederung einhalten ■ Passend zum Thema und eigenen Stil typische Stilmittel der Rhetorik sparsam einsetzen